國家古籍整理出版專項經費資助項目

中華古籍保護計劃

ZHONG HUA GU JI BAO HU JI HUA CHENG GUO

·成果·

近代史研究所藏稿鈔本日記叢刊提要

王建朗 馬忠文 主編

國家圖書館出版社

圖書在版編目（CIP）數據

近代史研究所藏稿鈔本日記叢刊提要 / 王建朗，馬忠文主編.—北京：國家圖書館出版社，2021.7

ISBN 978-7-5013-7293-5

Ⅰ. ①近… Ⅱ. ①王… ②馬… Ⅲ. ①日記—內容提要—中國—近代 Ⅳ. ①Z89：I265.5

中國版本圖書館CIP數據核字（2021）第123210號

書　　名　近代史研究所藏稿鈔本日記叢刊提要

著　　者　王建朗　馬忠文　主編

責任編輯　南江濤　潘雲俠

封面設計　徐新狀

出版发行　國家圖書館出版社（北京市西城區文津街 7 號　100034）
（原書目文獻出版社　北京圖書館出版社）
010-66114536　63802249　nlcpress@nlc.cn（郵購）

网　　址　http://www.nlcpress.com

印　　裝　北京金康利印刷有限公司

版　　次　2021 年 7 月第 1 版　2021 年 7 月第 1 次印刷

開　　本　787 × 1092（毫米）　1/16

印　　張　11

書　　號　ISBN 978-7-5013-7293-5

定　　價　280.00 圓

編輯説明

中國社會科學院近代史研究所從一九五〇年成立開始，就十分重視圖書資料和檔案文獻的搜集、保存和整理工作。七十年來，近代史所圖書館特藏室陸續入藏的文稿、書信、電稿、日記、年譜、奏摺、契約等原始檔案文獻，數量達十九萬件，是目前學界公認的收藏近代珍貴史料較爲集中的學術機構。二〇一三年十二月，以特藏室爲基礎，成立中國近代史檔案館，通過海外近代中國珍稀文獻搜集、整理與研究工程，館藏文獻又得到豐富和擴展。二〇一九年十二月，隨著中國歷史研究院的成立，近代史所圖書館和檔案館劃歸歷史研究院圖書檔案館，文獻資料實現更大規模的集中整合，近代史所藏圖書檔案的發展也進入新的歷史階段。

在近代史所藏檔案文獻中，晚清民國時期的人物日記格外引人注目。據初步統計，館藏稿本、鈔本日記約一百一十種，其中大部分是稿本。每種日記篇幅、數量差異很大，有前後延續一二十年到四五十年者，也有殘篇斷簡，敘事僅有一年半載乃至數月者；一些零星的稿本日記不僅記述時間短，而且屬於小人物的日記，撰者很難考訂，館藏多以『佚名日記』著録。館藏大部分鈔本日記則是二十世紀五十年代爲研究太平天國史，從全國各圖書館、博物館鈔録的有關晚清官員和士人的日記（節選），這些鈔件經整理大部分也已收入通行的幾種太平天國史料叢刊中。可見，近代史所藏稿鈔本日記情况比較複雜，仍有待於做深入的甄别和研究。爲適應學術界的研究需要，近代史所藏日記稿鈔本的刊布也一直在進行中。先後出版的整理本日記有《白堅武日記》《黄炎培日記》《黄炎培日記（續編）》《唐烜日記》等，不少篇幅較短的日記經整理多發表於《近代史資料》。此外，虞和平主編《近代史所藏清代名人稿本鈔本》（第一至三輯）中也以影印本的形式，收入吴大澂《奉使琿春日記》、孫毓汶《蜀遊日記》《使閩日記》《韓仲荊日記》、勞乃宣《勞齋日記》《矩齋日記》。不過，已刊日記種類衹占所藏日記的小部分。

從二〇一八年開始，近代史所與國家圖書館出版社合作，擬精選一批所藏未刊日記影印出版，以加快資料刊布的步伐。經過衡量比較，選出三十一種稿鈔本日記付印。這些日記撰者既有晚清督撫重臣，也有北洋政府高官；既有名士學者，也有世家子弟。每種日記雖篇幅長短不同，卻都是反映近代社會劇烈動蕩和變遷歷史的珍貴文獻。透過這些日記主人的筆觸，折射出近代政治、經濟、文化和社會生活的多重面相，其學術價值不言而喻。

這次編選稿鈔本日記，基本遵循以下幾條原則：第一，所選均係撰者僅有該日記藏於本所者，日記外還有奏摺、書信、函電、文稿等其他文稿者，其日記不單獨列入此次影印範圍，留待將來該撰者全宗檔案出版時一併考慮。第二，所選日記絶大部分是首次刊布，個别已經出版過標點或整理本的，從呈現原始樣態、便於讀者核對原文的需求出發，也予酌量收入。第三，館藏著録爲『佚名日記』者，考證出撰者真實姓名後，以撰者姓名重新擬名。第四，所有日記據撰者生年先後排序。第五，爲便於讀者瞭解每部日記的基本情況，邀請學者撰寫内容提要，對撰者經歷和日記的史料價值做了簡單介紹，爲讀者閲讀起到一定導讀作用。

每一種歷史文獻均形成於特定的歷史時期，都帶有鮮明的時代痕迹，人物日記亦不例外。研究者衹有運用正確的觀點和方法予以科學的分析，方能最大限度地揭示其學術價值。由於工作量繁浩和編者水準有限，編選過程中難免有舛誤之處，歡迎廣大讀者給予批評指正！

中國社會科學院中國歷史研究院近代史研究所

二〇二〇年三月

目録

定邊日記

（清）彦德撰，（清）劉坦代筆。鈔本。

彦德（一七六五—一八三八），字亦庵，顔扎氏，滿洲正黄旗人，曾任本旗印務章京。清乾隆五十三年（一七八八），襲雲騎尉世職。舉人出身。清道光四年（一八二四）七月，以正黄旗滿洲參領升授鑲紅旗蒙古副都統；九月，授塔爾巴哈台參贊大臣；七年（一八二七）十二月，補烏里雅蘇台將軍；十年（一八三〇）十月，奉命回京；十一年（一八三一）八月，署理藩院右侍郎，不久調鑲紅旗漢軍都統；十二月，調綏遠城將軍。十七年（一八三七）十一月，奉召回京。十二月，因年老，奉旨留京，署鑲藍旗漢軍都統。十八年（一八三八）閏四月，改署鑲紅旗蒙古都統；五月，實授。同年九月十三日卒。子景廉（一八二四—一八八五），字秋坪，清咸豐二年（一八五二）中進士，九年（一八五九）由刑部右侍郎調任伊犁參贊大臣，後因故降革。清同治五年（一八六六），賞頭等侍衛，充哈密幫辦大臣。清光緒元年（一八七五）九月，補都察院左都御史，三年（一八七七），任軍機大臣，十年（一八八四）三月，罷值。彦德、景廉父子均以科舉起家，不避艱險，長期在西北邊疆任職，在當時滿洲世家子弟中并不多見。臺北『故宫博物院』所藏清代文獻檔案中收有彦德傳稿四，履歷册一，事迹册一，是研究彦德個人事迹的珍貴資料。

該日記封面題『定邊日記』，又題『道光庚寅辛卯』，時間始於道光十年庚寅正月初一日，止於道光十一年辛卯正月二十五日，共四十五頁。中國社會科學院近代史研究所圖書館原著録該日記爲《劉坦新疆日記》，誤。蓋因日記末頁題『樂亭劉坦著訂』，故有訛誤，且日記所載也非『新疆』之事。實際上，該日記主要記載彦德在烏里雅蘇台將軍任上的各項活動，以及庚寅十一月後奉諭回京途中的經歷。日記以彦德的日常活動爲中心，由幕僚劉坦（事迹待考）代筆。從書寫形式判斷，該日記可能是劉坦後來的鈔本。

該日記并非逐日記事，而是擇要而記，一年内祇記了一百多天。對彦德在烏里雅蘇台城中初一、十五拜廟、祭祀關帝廟，修建菩薩廟、萬壽宫，以及日常發摺、接摺、奉朱批，與科布多參贊大臣、伊犁將軍、烏魯木齊提督的公文往來，接待來訪官員、汗王的情况都有記載；也記述了唐努烏梁海向朝廷進貢貂皮、烏里雅蘇台爲伊犁等地選送駝馬，以及與直隸總督接洽駐兵换防等日常公務。特别是，詳細記述了庚寅十一月二十日從烏里雅蘇台出發，一路風塵僕僕，到次年（一八三一）正月經宣化、雞鳴驛、居庸關、南口，正月二十五日抵京的過程，對沿綫經過和停留情况，迄今尚未見到其他官員有日記述及，這也是該日記價值需要强調之處。（馬忠文）

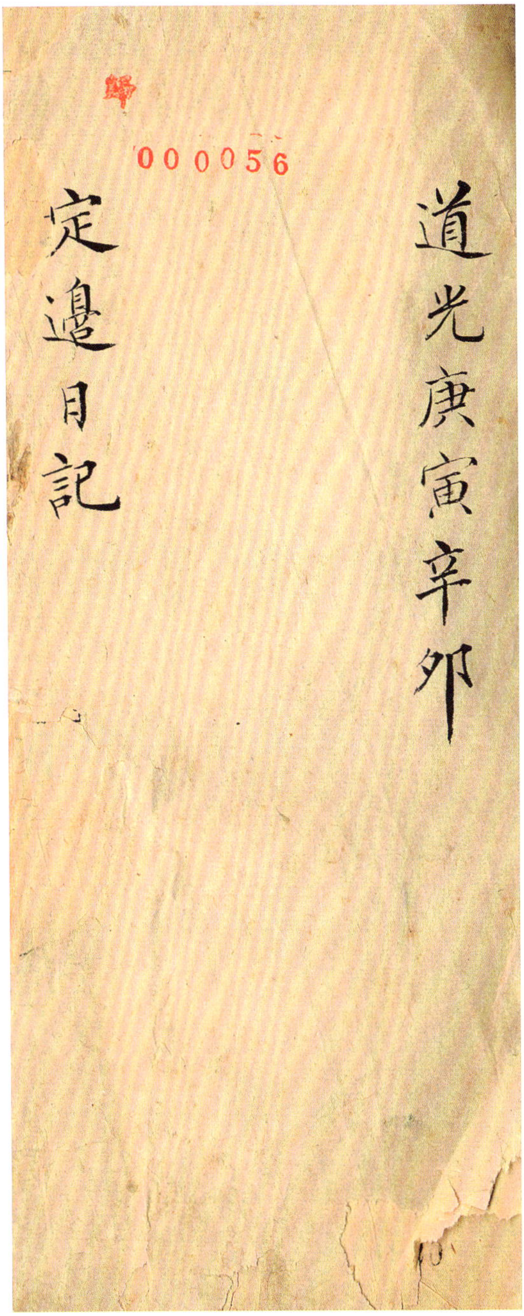

定邊日記 （清）彦德撰 （清）劉坦代筆 鈔本

彦德（一七六五—一八三八），字亦庵，顔扎氏，滿洲正黄旗人。

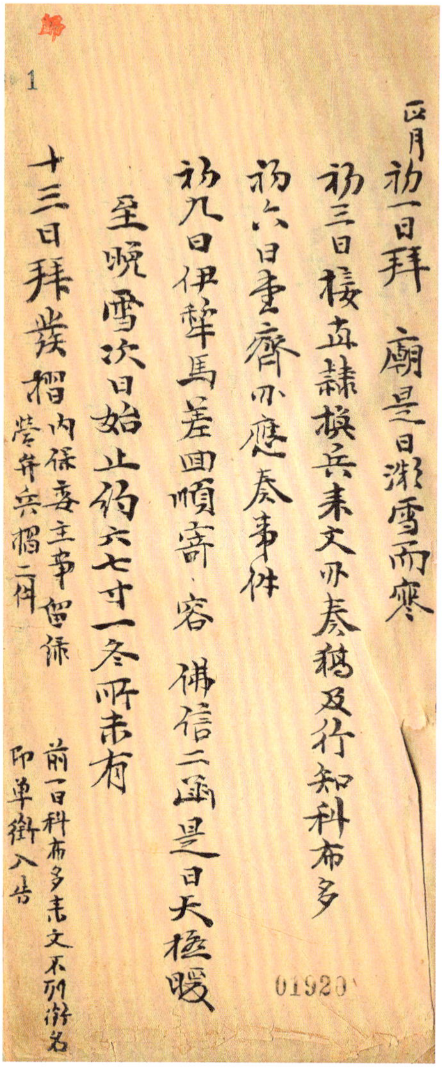

1

正月初一日拜 廟是日微雪而寒
初三日接直隸撫兵部文并奏稿及行知科布多
初六日重齊并應奏事件
初九日伊犂馬差回順寄 容 佛信二函是日天極暖
至晚雪次日始止約六七寸一冬所未有
十三日拜發摺內係委主事留保 營并兵摺二件
前一日科布多來文不列銜名 印單銜入告

01920

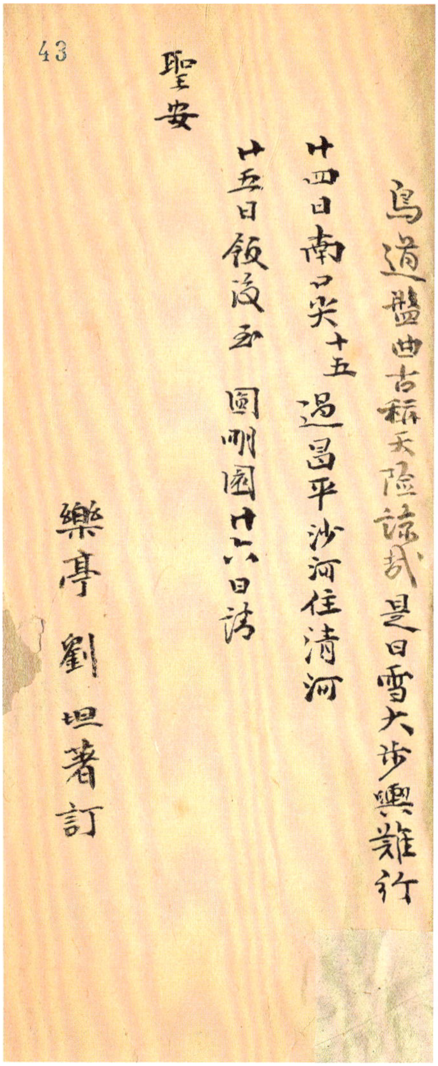

43

烏道盤曲古稱天險諒哉是日雪大步輿難行
廿四日南口尖十五 過昌平沙河住清河
廿五日領後至 圓明園廿六日請
聖安

樂亭 劉坦著訂

李星沅日記

原題《李文恭公日記》。（清）李星沅撰。稿本。

李星沅（一七九七—一八五一），字子湘，號石梧，齋號『芋香山館』『勿自棄室』等，湖南湘陰人。清道光十二年（一八三二）壬辰科進士，改翰林院庶吉士，次年散館，授編修。歷充四川鄉試正考官、會試同考官、廣東學政。十八年（一八三八）春，簡放陝西漢中府知府，旋升河南糧儲鹽法道，署按察使。兩年後，升授陝西按察使，旋調四川按察使、江蘇按察使，升補江蘇布政使。二十二年（一八四二），擢陝西巡撫，後調江蘇巡撫，旋升雲貴總督、兩江總督。二十九年（一八四九）因病開缺回籍。短短十年，由翰林院編修洊至兩江總督，確乎『主恩非常』，升遷之速，『爲近今所未有』。三十年（一八五〇）太平天國起事，清廷起李星沅於家，授欽差大臣，督辦廣西軍務。清咸豐元年（一八五一）四月，病逝於廣西武宣軍中，詔命恤典，謚文恭。有《李文恭公遺集》四十六卷，清同治四年（一八六五）湘陰李氏芋香山館刻本；另與夫人郭潤玉酬唱詩，編爲《梧笙唱和初集》二卷。

現存李星沅日記稿本，共二十一册。行草手書，偶有塗改。第一至十三册、第十四至二十一册，分别用『芋香山館』和『讀書延年堂』朱絲欄稿紙，半葉八行，行字不等。每册外封左上均題『李文恭公日記』（篆書），左下均題『庚申日長至，易宗鵠署』（楷書），右上均題『共二十一册』，其下分别標一至二十一，以爲次序。每册内封均有李星沅親筆題字，如『庚子日記』『辛丑日記』『勿自棄室』之類，并鈐『石梧』『星沅』『勉爲國家梁棟之材』『勿失書生本色』等印章。從手迹、稿紙和印章綜合判斷，此爲日記原稿無疑。

日記起於道光二十年庚子（一八四〇）正月初一日，至道光二十九年己酉（一八四九）五月二十三日，前後十年，連續不斷。記述時間正好是鴉片戰争至太平天國爆發前的關鍵十年。李星沅歷任河南、陝西、四川、雲貴、江蘇各地高官，見多識廣，加以日記詳細，直言少諱，舉凡内政外交、朝野人物、地方制度、吏治狀況、漕運河工，乃至社會風氣、經濟物價、環境變遷、信息流轉，靡不記載，故其重要價值早爲學界所認可。事實上，目前爲學界所常用的是袁英光、童浩兩位先生標點的《李星沅日記》（上下册，中華書局一九八七年版），該版本係據上海圖書館所藏覺園老人鈔本二十册整理而成。鈔本的時間起迄與稿本完全一致，稿本起首有李星沅自述一段，鈔本亦照録無遺。覺園老人稱，李氏日記較傳世的《曾國藩日記》《翁同龢日記》『所記加詳，而尤質直無所諱』，可見評價之高。鈔本原序又稱『行款均大致依原稿，其不可辨者闕疑焉』，表明鈔者行事甚爲嚴謹。當然，鈔錯、漏鈔、不鈔的情况也在所難免。毋庸置疑，袁英光、童浩先生的標點本居功至偉，爲讀者提供了極大便利，但僅據覺園老人鈔本，且限於八十年代的學術條件，仍有不完善之處。張積先生曾撰文獻疑糾誤，多有匡正，如再據稿本全面予以勘訂，更見美備。今稿本影印出版仍有重要意義。（韓策）

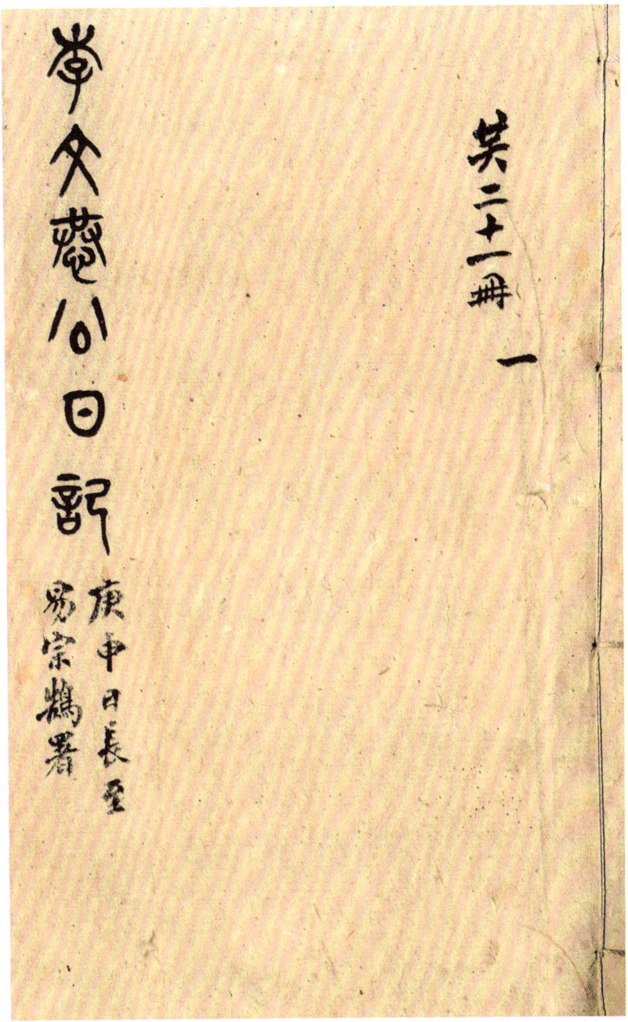

李星沅日記　（清）李星沅撰　稿本

李星沅（一七九七—一八五一），字子湘，號石梧，齋號『芋香山館』『勿自棄室』，湖南湘陰人。

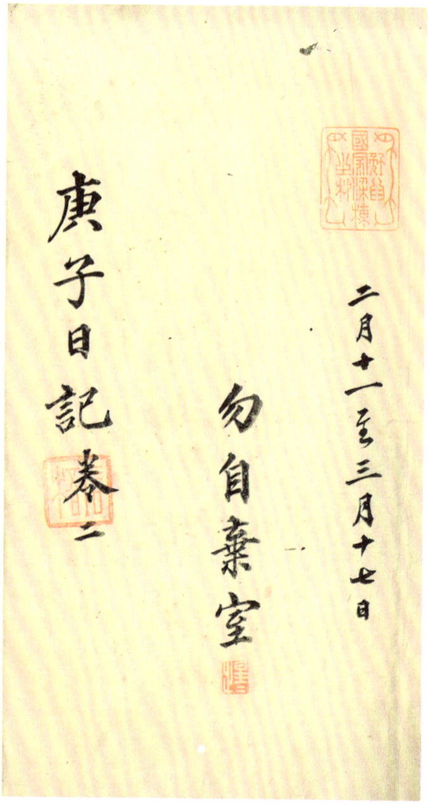
庚子日記卷二
二月十一至三月十七日
匋自棄室

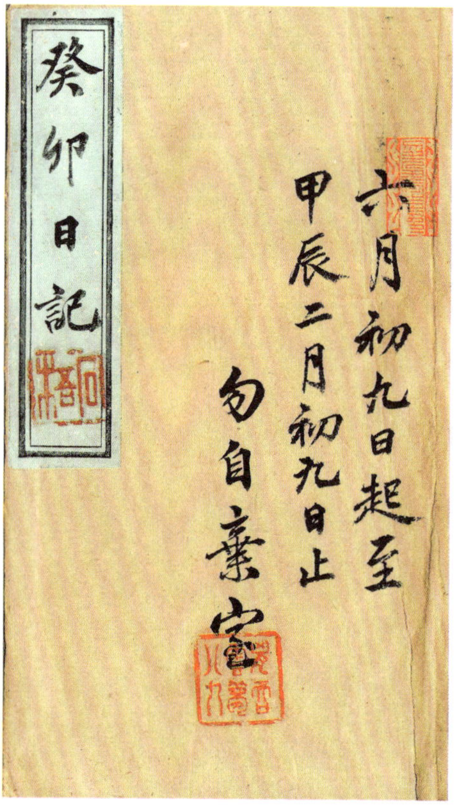
癸卯日記
六月初九日起至
甲辰二月初九日止
匋自棄室

星沅今年四十有四矣力小任重蹈境氷
淵常懼不稱所司又負氣多言小疏即
躁不加儆惕歲月徒增良可媿已以庚
子爲支干首元旦定(始)日記自考附載聞
見以資省覽云道光二十年正月朔
正月初一日寅初二刻興褂服向南四拜祝
阿母康福即更朝衣冠恭詣
萬壽行宮隨班行禮仍更褂服恭詣

讀書延年堂

1.

十六日卯刻舟行且行且止守與本營
多船擠至十二里過河西務軍船在前鋪
次望如蛇盤不可動當飭差使探知寔
緣前幫才出廣淺一船欲帶百船不
行故次第開帆動輒數十刻固不能以
直緩亦不能由我急也酉正又數里泊
計由河西務抵蹚水程百四十里(餘)如此光
景以十日不能到亦惟得過且過聽其所

讀書延年堂

1.

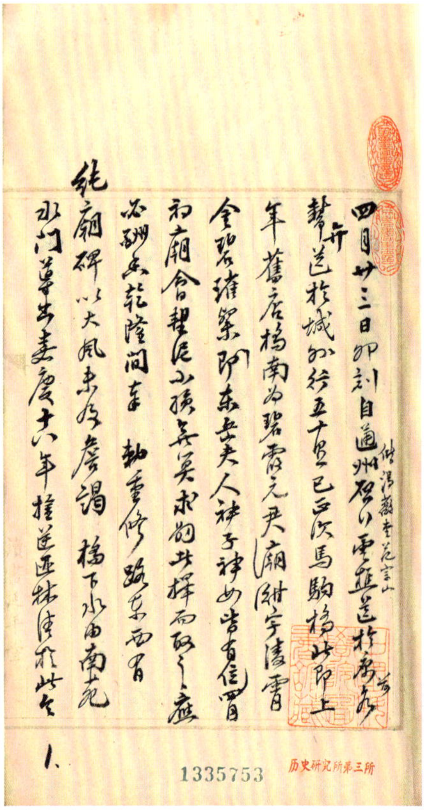
四月廿三日卯刻自通州啓行雲延送於廣方
輦許 送於城外行五十里已正次馬駒橋此即上
年舊居橋南為碧霞元君廟紺宇清霄
金碧璀粲即東岳夫人神子神女皆有位置
初廟會都邑士女莫求嗣者擇而取之庶
必珊瑚花蔭間矣 勅重修路東西有
純廟碑以大風未及詹謁 橋下水由南苑
水門草出嘉慶十六年挂賞邇林津於此亭
1.

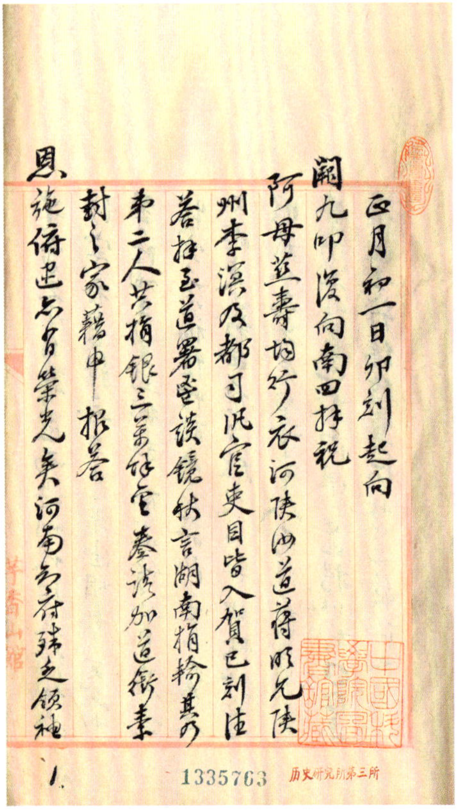
正月初一日卯刻起向
闕九叩復向南四拜祝
阿母並壽拘行衣河陝兩道蔣明允陝
州李濱及都司汛官吏目皆入賀巳刻往
營拜玉道署啓讀鏡秋言湖南指揄其乃
弟二人共捐銀三萬餘金奏請加道銜兼
封〻家藉中 報答
恩施伊遠亦有榮光矣河南藩府瑋之領袖
1.

黃輔辰日記

（清）黃輔辰撰。稿本暨鈔本。

黃輔辰（一七八九—一八六六），字琴塢，室名小西山房、戴經堂。貴州貴築人，原籍湖南醴陵。清道光十五年（一八三五）中進士，殿試引見，以主事用，簽分吏部；二十四年（一八四四），補文選司主事；三十年（一八五〇），升驗封司員外郎，旋遷考功司掌印郎中。清咸豐二年（一八五二），京察一等，截取繁缺知府，三年分發山西候補。旋乞假回籍。當時貴州有土司叛亂，匪患嚴重。黃輔辰回籍後聯絡鄉紳，協助官軍，安撫清水江四周苗民，辦保甲、團練；又勸諭商民籌建義倉，以備不時之需。因盡心鄉梓安寧，貴州巡撫蔣蔚遠上奏請優敘，奉特旨仍發往山西，以道員用。六年（一八五六）十月至山西，署冀寧道，加鹽運使銜。九年（一八五九），直隸總督恒福奏調防務差遣，因部議未允，不久，與子彭年同往四川，入總督駱秉章幕。時任四川布政使劉蓉，不久升署陝西巡撫，因回民起義影響，陝西土地荒蕪，特調黃輔辰前往三秦，主持屯田事宜。輔辰抵陝後，制定章程，招徠客民，授以土地，薄其租，六年届滿，則給其券，使世其業，可傳子孫。數年間墾田達十八萬畝，據稱『招民認墾接濟軍食，西北軍需有賴於此』。清同治五年（一八六六），授鳳邠鹽法道，同年十一月病逝，經陝西巡撫劉蓉奏請，命祀陝西名宦祠，事迹宣付史館。子黄彭年，字子壽，號陶樓，道光進士，改庶吉士，散館授編修。歷官至江蘇布政使、湖北布政使。黄輔辰、黄彭年父子皆爲循吏，列入《清史列傳》。

本書所收日記兩種：一是稿本，封面題《黄琴塢先生日記稿本》，内容起於道光二十四年甲辰（一八四四）正月初一日，止於二十五年乙巳（一八四五）十二月三十日，前後整整兩年時間。日記原稿殘破嚴重，經過裝裱，邊沿有殘破缺失之處。這個時期正是黄輔辰在吏部司員任上，沉浮郎曹，每日上衙門辦事，拜訪朋友，逛琉璃廠購買書籍字畫，并對時事有零星評論，是一本典型的京官日記。

另一種是鈔本，題目《黄琴塢日記》，内容起於咸豐三年癸丑（一八五三）正月初一日，止於同年十月十八日，原件藏國家圖書館《黄氏一家雜著》中。此鈔件應是二十世紀五十年代近代史所前輩學者搜集太平天國史料時派人鈔録的。五十年代編輯出版的《近代史資料》增刊《太平天國資料》輯中最早收録了該日記，取名《戴經堂日鈔（選録）》，但每日衹摘録與太平天國有關及地方官應對窘境與舉措的内容，無關者皆略去，體現了專題資料的特點。在羅爾綱、王慶成主編的《中國近代史資料叢刊續編·太平天國》第六册再次收入《戴經堂日鈔（選録）》，并據該鈔本重新進行了校對。以往整理本都是摘鈔性質的，將天氣情况、日常往來交往、家庭瑣事一律略去。該鈔件不僅内容相對完整，從形式上看屬於摹寫，每頁行數、字數都與原稿一致，甚至原稿的殘缺處和蟲蛀損壞都有標識，最大程度呈現了日記原稿的基本樣態，有助於讀者進一步閱讀和分析利用。從内容看，這年三月十四日黃輔辰、黃彭年父子離開京城，日記記載了離京前京城中有關太平軍活動的傳聞以及清廷派兵鎮壓的情况；又記録了九月十四日抵達貴築前，沿運河南下和沿長江西行途中與各級官員的交流和見聞，從一個側面反映了太平天國起義前後長江中下游地區的社會和軍事情况。（馬忠文）

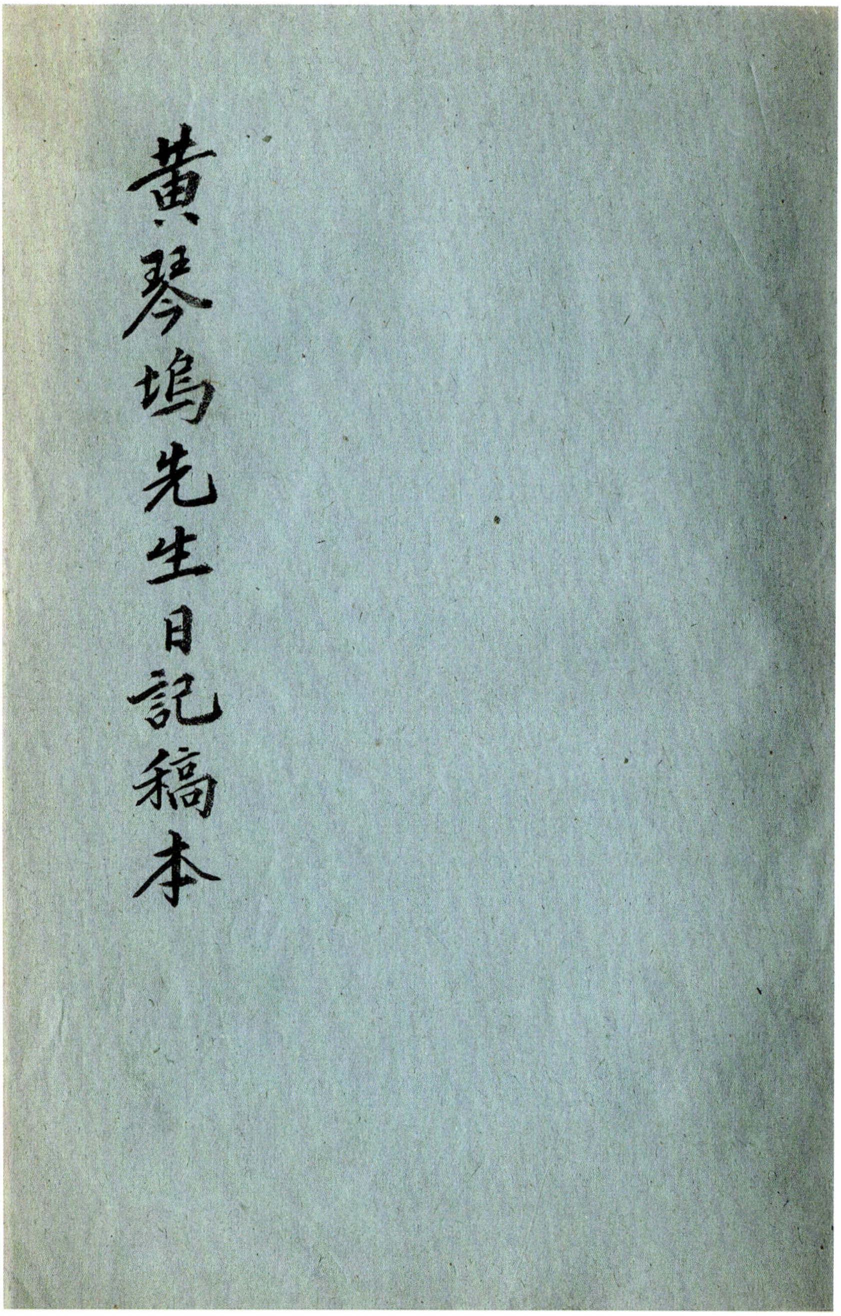

黃輔辰日記　（清）黃輔辰撰　稿本暨鈔本

黃輔辰（一七八九—一八六六），字琴塢，室名小西山房、戴經堂。貴州貴築人，原籍湖南醴陵。

甲辰新正

初一日天朗氣清巳初出行入前門東至祿米倉胡同北至安定門西至西直門出宣武門西至
上下斜街南至橫街未正旋宅祠先儒蔣文端十一極剝卦晚飯聚合坐要
初二日晏暖辰刻歷西南城巳刻歸午未歷西北城申刻訪瓦子方僕丞寄豬刷皮衣
初三日與子壽兄論功課使務外至天寧寺買水仙花午刻走東南西南各處至未市
胡同周帝所未序刻至呂雀四同年處見其悲懷之狀不勝愴惻
初四日早飯後往東南城一帶和時蔡百樹寺坐談東海事至出星船處見所作辰一卿
之子至周帝甫處晚為子貞設席刻晚至閻帝廟外之極要飯
初五日午刻偕子壽至琉璃廠購得杜岩册華蒼潤可以藏玩從下服杜岩册
一頁郎肯相合處
初六日早睡沈吟詛誨閱山曲書與林樹南同至琉璃廠一無所得夜目痛早睡
初七日春氣和暖請蔡世兄與陳生暨福沁福氏雜牛豆日俟子舍兄之靜素
初八日早致唐子方信代籌湘五歸櫬事並書購代還各項清款次呈詳兄與陶侍
御處至附入目俟易未舍合皆錄外入東北城拜未及年
初九日目疾稍愈午刻鄒雲陛兄招飲晚鄒小山張小野易門齋陳芸渠坐未終席
兩宜軒得歲　至三橋兩真蹟一陣厚一趙脆寶為……中峰

李安年二十……山楊錫齡為先七兵册來談許久
初十日同年閻敬銘候堅瑟指實轉往往午歸過文毅來等及樊孝育來攜手心勞至是極
申刻仍往閻敬銘處因席次同年世好歸後唐子方周子儀午周子漢君處呈日恍御
在彼肅伯亦來談至三鼓方散
十一日至華嚴贊小寓一所為錢大千子蘇中庭來閱為五人均以同號生一人上下陝宦十
餘人不能不稍寬也年潤書湖南劉寬襄後文毅轉武定使卿不一兩為寓辰之
寓
十二日早入翰閣送司空消人乞眷收歸同年蔡兵臣可以補缺至蕭伯友處訪周子
漢未晤孫仲伸方伯來談許久夜與子壽陪理考具是日欣語至三十兩
十三日卯刻送子壽華三考至餘各至署午至土地廟花局購探春梨桃良草數種
劉饒門借題陽冀東文壹香舒儆卿南雨芳庵來詢其文蕭史穆祿日內可以
到京拔友忠肯胡閣之兩位夜本條丹湖對南陳　九家陽陳華山文為庵來
十四日小雨早入署吳芸生請偕余代河南身午看吳芸生疾霜呂道恍勵蒼同年來談東海
本華三子壽考試四文題兩心無處無佳四面策題不以天下棄一人
十五日晴早入署午至長郡館晚醴陵劉瑤張近曦劉電書三君在棧發文摸蠳代人鈉吐子
付蔣石棧和之二十千往賀閻門電同年新得侍御周子漢來未晤伯贈洮

滇輶日記

（清）花沙納撰。稿本。

花沙納（一八〇六—一八五九），字毓仲，號松岑，伍彌特氏，蒙古正黄旗人。祖父德楞泰，官至領侍衛内大臣、西安將軍；父蘇崇阿，官至盛京都統、署黑龍江將軍。花沙納於清道光十二年（一八三二）中壬辰恩科進士，改庶吉士，散館授翰林院編修。十五年（一八三五）充雲南鄉試正考官。二十四年（一八四四）十月，補工部右侍郎，授總管内務府大臣，次年二月，調户部右侍郎，二十八年（一八四八）二月，調禮部左侍郎。清咸豐三年（一八五三）授步軍統領，因辦理京城各營巡防有功，升工部尚書，次年十月，調吏部尚書，八年（一八五八）四月，英法聯軍攻陷大沽口，進犯天津，被派與大學士桂良爲欽差大臣，先後赴天津、上海，與英、法等國談判議和及通商事宜，簽訂《天津條約》和《通商章程善後條約》。次年十二月，病逝於北京，謚文定。花沙納出身正途，擅書法，喜吟咏，留有不少文稿。其中《東使吟草》一卷、《出塞雜咏》一卷，稿本，現藏國家圖書館；《覆瓿集》《出塞紀程》《德壯果公年譜稿》，稿本，均藏中央民族大學圖書館。

該日記係花沙納道光十五年奉旨典試雲南的稿本日記，封面楷書題『滇輶日記』，副題『掄才紀略』；首頁題『雲程發軔，道光十五年六月初二日起，本年十二月二十日止』，用『翰寶齋』朱絲欄九行稿紙鈔寫。日記起於道光十五年六月初二日，止於同年十二月二十五日，末記『次年正二月間寄謝雲南各處信四十餘函』。日記記録了由京城出發至雲南，沿途的里程驛站，天時寒暖，山川名勝，地理沿革，風俗人情，以及主持鄉試期間各場考試及返回京城路途的全過程。每日内容詳略不一，與其他考差日記一樣，是研究雲南地方社會與科舉文化的珍貴資料。該日記曾由章伯鋒先生整理，刊載於《近代稗海》第十輯（四川人民出版社一九八八年版），後被收入中華書局《近代史料筆記叢刊》，於二〇〇七年重印單行本。（任青）

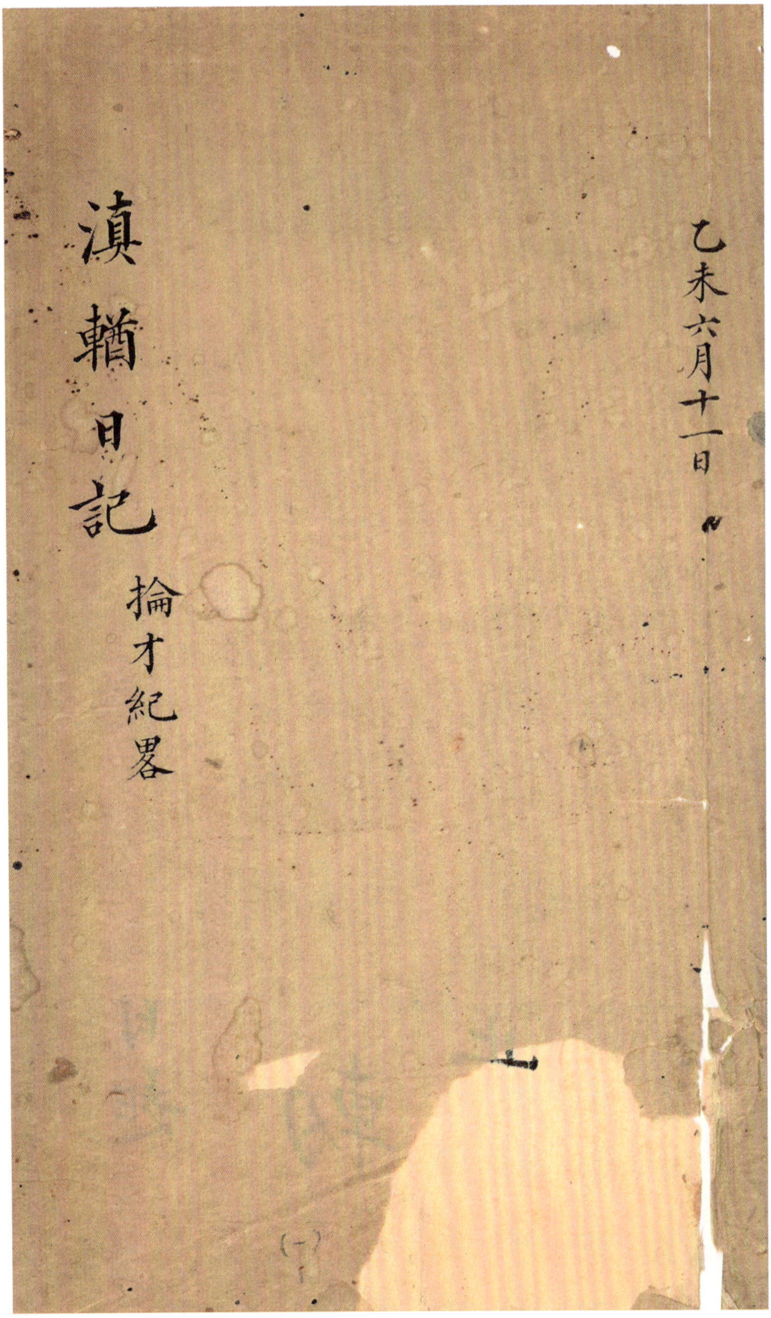

滇輶日記　（清）花沙納撰　稿本

花沙納（一八〇六—一八五九），字毓仲，號松岑，伍彌特氏，蒙古正黄旗人。

書名 滇輶日記
冊數 1 版別 紙
議價 年 月 日
編號 字第 號
北京市圖書出版業同業公會印製
中國科學院
歷史研究所第三所
登錄號1317144 分類號 史 450.7
4432.5
93

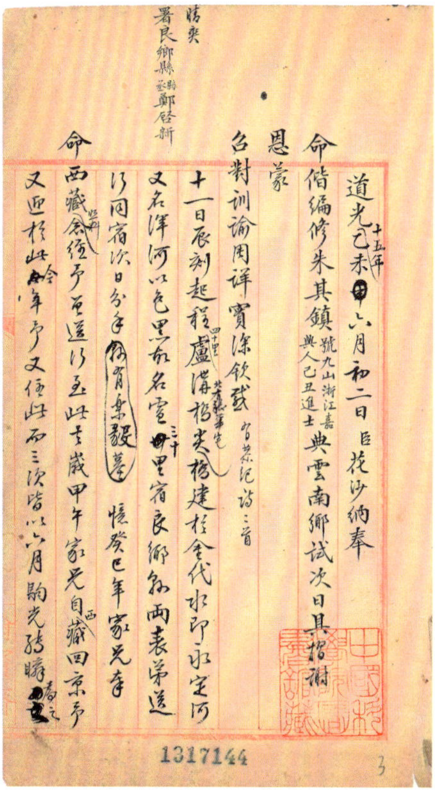
道光乙未十五年六月初二日臣花沙納奉
命偕編修朱其鎮號九山浙江嘉興人己丑進士典雲南鄉試次日具摺謝
恩蒙
召對訓諭周詳實深欽感有恭紀詩二首
十一日辰刻起程盧溝橋其橋建於金代永定河
又名渾河以色黑故名三十里宿良鄉縣西表弟道
行同宿次日分手憶癸巳年家兄奉
命西藏參贊予送行至此去歲甲午家兄自西藏回京予
又迎於此今年予又經此兩三次皆以六月
1317144
3

北行日記

（清）薛寶田撰，（清）王寶庸借鈔。鈔本，一册。

薛寶田（一八一五—一八八五），字心農，亦作莘農，江蘇如皋人，出身中醫世家，曾祖薛林（字梅苑）、父薛潢（字銀槎）均係名醫。寶田幼年隨父在京，曾數應順天鄉試，不售。後任江蘇上元縣訓導、浙江鹽大使等小官，宦途不達，以醫術名重東南。

清光緒六年（一八八〇）夏，慈禧太后病重，諭徵各省名醫入京救治。浙江巡撫譚鍾麟薦舉薛寶田和仲學輅應詔。當年七月十三日，薛、仲二人啓行北上，八月初一日抵京，十月二十一日回到浙江杭州，首尾九十八天。其中八月初六日至九月十九日前後四十三天，日日『黎明入内』，與薛福辰、汪守正等名醫替慈禧太后看病。日記不僅詳細記録了慈禧太后的病情、脈案和藥方等外人難知的信息，而且從個人親身經歷的角度，細緻描述了宫廷的規制和禮節，還記載了與京師士大夫的密切往還。篇幅雖短，史料價值卻非同一般。

《北行日記》有光緒七年（一八八一）刻本，名流序言、題詞甚多。一九八五年，河南人民出版社曾出版劉道清校注本，頗爲精審。此册《北行日記》，係光緒丁亥年（一八八七）江蘇泰州王寶庸所鈔，末尾王跋詳述尋書和鈔録顛末，對薛寶田其人其事甚致仰慕。現將鈔本日記影印，既可與已刊日記校核，也有助於瞭解《北行日記》在當日的流傳和影響。（韓策）

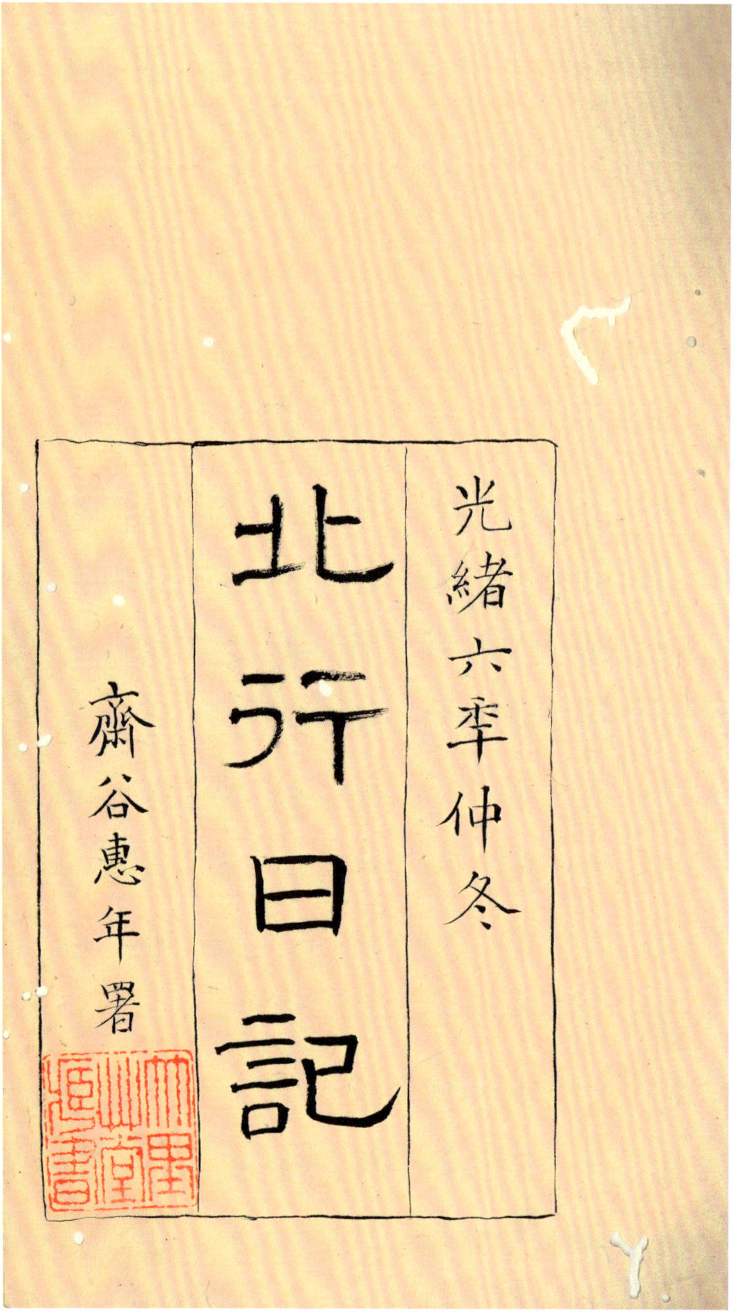

北行日記　（清）薛寶田撰　（清）王寶庸借鈔　鈔本

薛寶田（一八一五—一八八五），字心農，亦作莘農，江蘇如皋人。

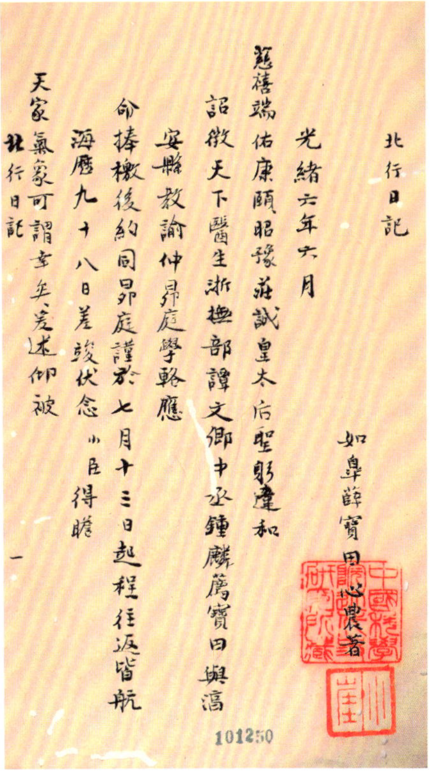

北行日記

如皋薛寶田心農著

光緒六年六月

慈禧端佑康頤昭豫莊誠皇太后聖躬違和

詔徵天下醫生浙撫部譚文卿中丞鍾麟薦寶田與湻

安縣教諭仲昴庭學輅應

命捧檄後約同昴庭謹於七月十三日起程往返皆航

海歷九十八日差竣伏念小臣得瞻

天家氣象可謂幸矣爰述仰被

北行日記 一

101250

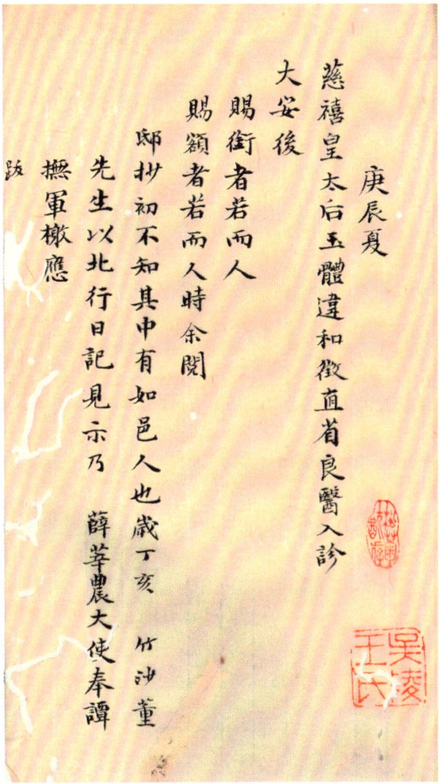

庚辰夏

慈禧皇太后玉體違和徵直省良醫入診

大安後

賜銜者若而人

賜額者若而人時余閱

邸抄初不知其中有如邑人也歲丁亥 竹沙董

先生以北行日記見示乃 薛莘農大使奉譚

撫軍檄應

跋

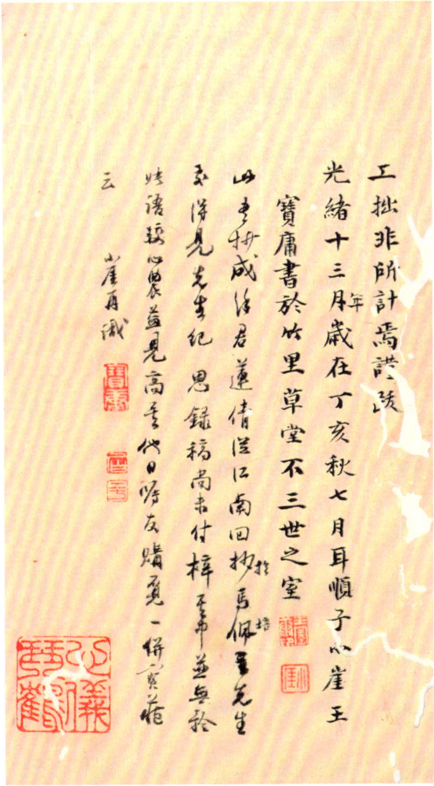

工拙非所計焉謹跋

光緒十三年歲在丁亥秋七月耳順子心崖王

寶庸書於竹里草堂不三世之室

山東[illegible]成[illegible]君蓮倩從江南回抄於馬佩[illegible]先生

處得見先生紀恩錄稿尚未付梓[illegible]並無於

時請教心農並見高壽伏日[illegible]友晴窻一併[illegible]

心崖再識

云

白樸日記

原題《筱雲日記》《白氏日記》。（清）白樸撰。稿本。

白樸（一八一六—？），號筱雲，順天府通州人，恩貢生，清咸豐三年（一八五三）考取漢教習，四年（一八五四）五月補景山官學教習，七年（一八五七）五月俸滿，以知縣用。八年（一八五八）四月，應妹婿、河南浚縣知縣李德坊（字仲言，順天寶坻人）之聘，前往縣衙門襄助文案；當時其弟白棨官河南正陽縣知縣，故白氏子弟多在河南活動。經過漫長的等待，清同治八年（一八六九）三月，白樸纔獲得議補機會，簽分廣州雷州府遂溪縣知縣，九月出京赴任，十月抵廣州，謁見大府，聘請刑錢幕僚，十一月抵遂溪縣任。做過兩年實缺知縣後，又因故開缺，在廣州長期做候補知縣，卒年不詳。

白樸出身世家，祖父爲道光朝左都御史白鎔（字小山）。但是，咸豐年間，白氏家道已衰，子弟四處遊幕，依館穀爲生，唯其弟白桓（字建侯，也做簡侯）在同治二年（一八六三）中進士，選主事，分發吏部，光緒中官至左副都御史、兵部右侍郎。同治八年南海縣知縣杜鳳治首次見到白樸，稱其『誠實和厚，不愧名之爲樸』；光緒十七年（一八九一）白桓病故後，翁同龢也評價説『蕭如寒士，可敬也』，白氏家風於此可見一斑。白樸有子二，白曾煜、白曾焕，事迹不詳。白桓之子白曾焯清末爲刑部主事，著有《庚辛提牢筆記》，保存了八國聯軍侵華時期與各國官兵譯員的往來文牘，對當時京城監獄的情況有真實反映，是研究庚子事變的重要參考文獻。

白樸日記稿本，總計九册，起於咸豐八年戊午四月作者離京宦遊河南之時，止於光緒七年辛巳（一八八一）十二月，當時作者仍在廣東候補，連續達二十三年無間斷，是一部候補官員宦遊他鄉的生活日記。日記原稿無行格，每册記兩年或三年，封面上題有日記年份的干支。第一册署《白氏日記》，又題《筱雲日記》，右題『戊午、己未、庚申』，爲咸豐八年、九年、十年的日記；第二册題『辛酉、壬戌』，爲咸豐十一年、同治元年（一八六二）日記；第三册題『癸亥、甲子、己丑』，爲同治二年、三年、四年所記；第四册題『丙寅、丁卯、戊辰』，爲同治五年、六年、七年所記；第五册題『己巳、庚午、辛未』，爲同治八年、九年、十年所記；第六册題『壬申、癸酉』，爲同治十一年、十二年兩年的日記；第七册題『甲戌、乙亥、丙子』，爲同治十三年、光緒元年（一八七五）、光緒二年所記；第八册題『丁丑、戊寅』，爲光緒三年、四年所記；第九册題『己卯、庚辰、辛巳』，爲光緒五年、六年、七年所記。每年開年正月日記前皆用紅色簽條題寫正朔及本人年歲。另外，稿本又附雜册兩份，一曰《雜記》，主要是作者同治八年三月選任知縣回京驗看期間的各種履歷、呈文、致廣東督撫禀文、親友饋贈清單，以及抵達廣東後日常往來借款還款賬目、匯寄家中款項的分配清單等。另一册曰《雜集》，封面題『辛巳嘉平筱雲訂』，係光緒七年所訂，收録鈔録的詩文、告示、聯語等，包括《仁皇帝大櫟試院御製詩》《大父視學皖江告示》《太平學署聯語》《粤東廣州城中學海堂聯》《五叔父守高郡大堂楹聯（己卯嘉平）》《和張銘庵九日龍池宴集原韻》《爲溥東岩太守擬重修南湖書院碑記》《重修小南海西廡碑記》等零散文字，有鈔録者，也有作者自撰者。

作者自咸豐八年離開通州到河南做幕，七年間竟未還鄉，同治二年五月抵京，停留不及旬日，又復返豫，日記中感慨道：『予七年於外，歸來九日，仍復出遊，夫妻子父并未能暢敘，良可慨也。』可見遊宦生涯的艱辛。日記每日對氣候記載最詳，在河南的日記也有對捻軍在河南活動的反映。同治八年十月後的日記主要記述了在粤爲官做幕的人生經歷，在遂溪縣任上，記載問案、催徵、閱卷之類政務活動；在廣州候補期間，不時拜謁督撫、司道、道府，官場應酬，謀求差事，也有臨時奉委到粤中各地辦差的記載，大部分則是在廣州候補的漫長生活與見聞，對研究同光之際廣東地方社會與吏治有一定的參考價值。（馬忠文）

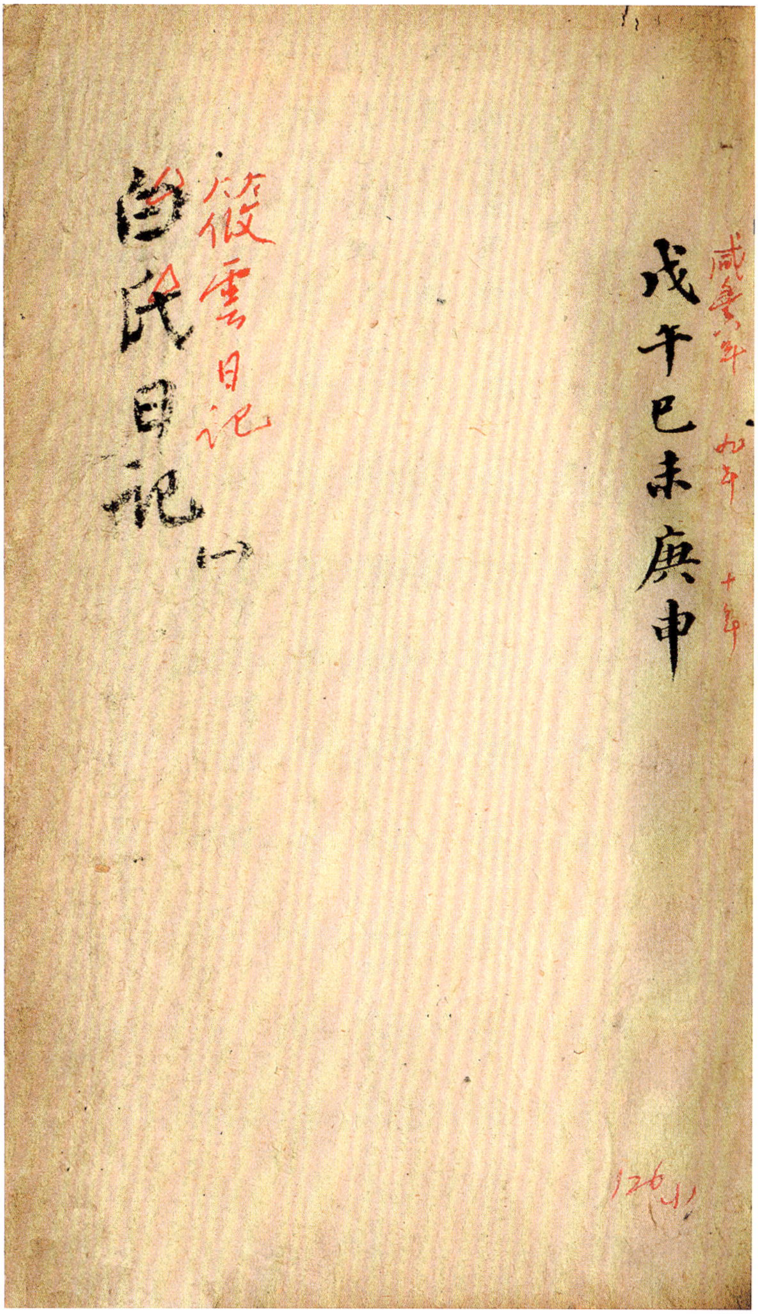

白樸日記　（清）白樸撰　稿本

白樸（一八一六—？），號筱雲，順天府通州人。

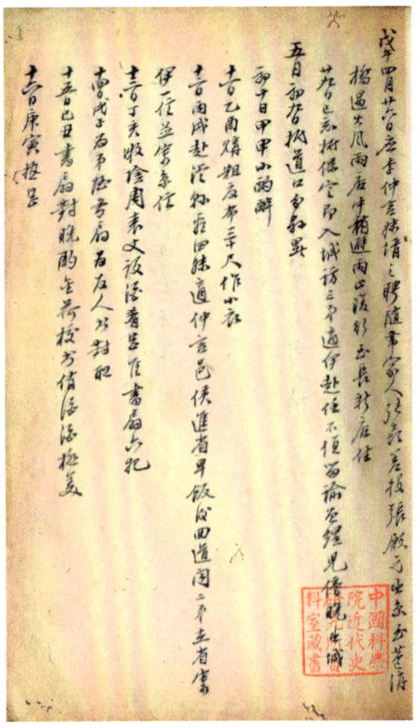

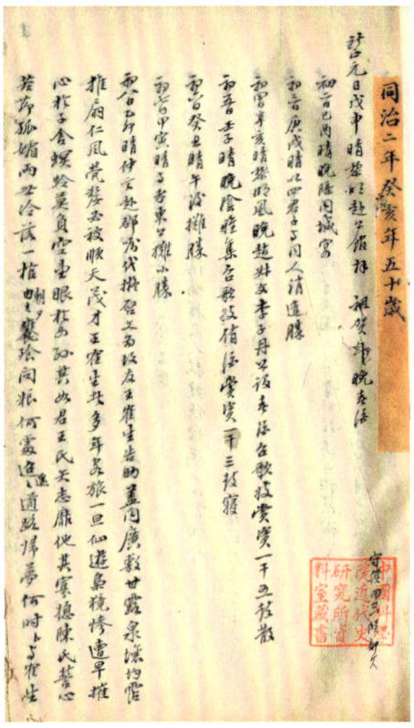
同治二年癸亥年五十歲

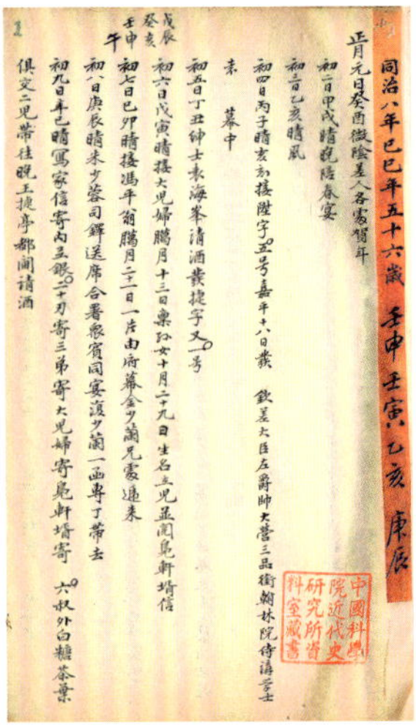
同治八年己巳年五十六歲 壬申 壬寅 乙亥 庚辰

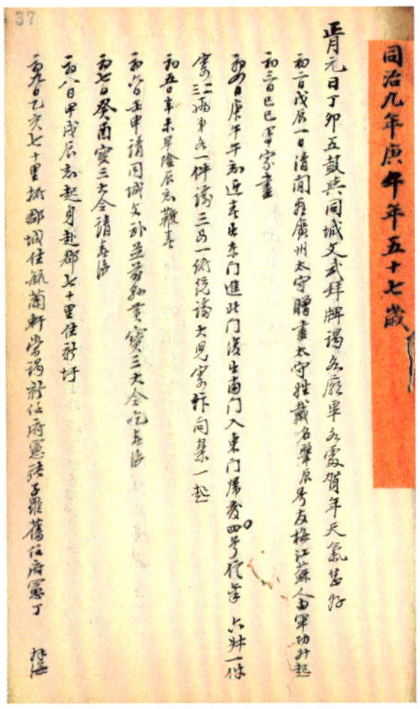
同治九年庚午年五十七歲

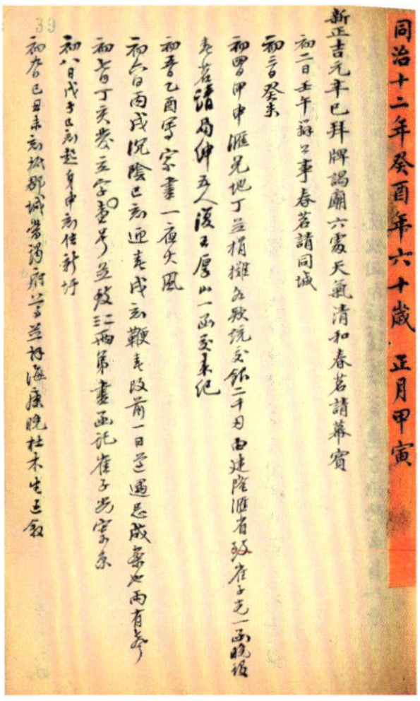
同治十二年癸酉年六十歲 正月甲寅

薛時雨日記

原題《同治癸亥薛慰農太史日記》。（清）薛時雨撰。鈔本。

薛時雨（一八一八—一八八五），字慰農，又字澍生，晚號桑根老人，安徽全椒人。清道光二十三年（一八四三）應本省鄉試中舉，因母老奉養，至清咸豐三年（一八五三）始出，大挑二等，候選教諭。不久與仲兄春藜參加會試，同中進士，殿試二甲，以即用知縣分發浙江，次年題補嘉興縣知縣。因到省遷延時日，部議降調，奉旨仍以知縣用，改爲補缺後降級留任。咸豐五年（一八五八），莅嘉興知縣任，因短解漕截銀兩，被巡撫何桂清嚴參革職留任。七年，薛氏署嘉善縣知縣。以即補知縣，長期候補，鬱鬱不得志，輒爲時人所同情。惟兩次充任鄉試同考官，多得有識之士。十年（一八六〇），太平軍攻陷杭州，避往金華、餘姚等地，後轉往江西。清同治元年（一八六二）四月，經江蘇巡撫李鴻章奏調，奉旨赴上海由李鴻章酌量使用。因軍營出力，次年十月補本班，以同知儘先補用，并賞加知府銜。三年（一八六四）二月，閩浙總督左宗棠署理浙江巡撫，破格用人，奏保升署杭州知府。時左宗棠督師於外，藩臬也將兵徇地，遂以首府署糧儲道，代行兩司事，一身綰四印，兼領諸事。任內抑强暴，撫流亡，振興文教，多有舉措。後因左宗棠赴閩，爲官場傾軋，經巡撫馬新貽奏請，因病開缺，獲准。不久，被聘主講杭州崇文書院，從此離開官場，以教育爲業。八年（一八六九），馬新貽移鎮兩江，又聘主持江寧尊經書院，兼理惜陰書院，凡十七年。時人云『一時吴下文人，多其弟子』。清光緒十一年（一八八五）正月病逝。薛時雨待人和善，不持儀節，士皆親之。清季以課士成名者，俞樾之外，即薛慰農其人。講學之餘，詩文自成一家。著有《藤香館詩鈔》四卷、《續鈔》二卷、《桑根老人精華録》二卷。徐世昌《晚晴簃詩彙》稱：『慰農居杭最久，其詩亦如西湖山水，情而華，秀而蒼，往往引人入勝。至傷舊感事，沉鬱頓挫，駸駸入少陵之室。』可見評價之高。

該日記爲鈔本，封面題《同治癸亥薛慰農太史日記》，又注『諱時雨，安徽全椒人』，『一九五四年歲在甲午冬十一月介郁如照鈔，熊述匋署記，年七十有六』。按，薛時雨并未入翰林，故稱其爲『太史』，誤。末頁署『豐潤李郁如照鈔』。日記始於同治二年（一八六三）癸亥正月初一，止於同年十月初八日，記録了薛時雨被江蘇巡撫李鴻章奏調赴滬前後的經歷和見聞。從日記看，作者於二月初八日抵上海，在大營見到李鴻章及其幕僚，開始參與營務。與馮桂芬、郭嵩燾、應寶時、胡雪岩等多有往來；并記載與外國領事一起參加宴會，參觀遊覽怡和洋行；作者與《中西紀事》的作者夏燮（字謙甫）也有往來，稱《中西紀事》『所記閩廣、江浙、天津各省夷禍甚詳』，悉數披覽一過，『憤懣填膺』，可見該書當時在官紳中的影響。作者以幕僚身份對李鴻章行蹤和活動的記載對研究清政府鎮壓太平天國的歷史也有一定的參考價值。（馬忠文）

薛時雨日記　（清）薛時雨撰　鈔本

薛時雨（一八一八—一八八五），字慰農，又字澍生，晚號桑根老人，安徽全椒人。

查係同治二年

癸亥正月

初一日寅正敬禮　祖先試筆書紅自祝四語云元
旦發筆聲名洋溢攸往咸宜其旋元吉余于章門三
度歲偃滯不能奮飛上年奉　　旨赴滬營差委新
正即擬起行故有是祝去臈積陰已久是日豁然開
朗星光滿天爆竹之聲萬家不斷大有昇平氣象路
途泥濘期服在身不拜一客命奴子沿門投刺而已
賀客亦均不請見留同鄉陳雲生午飯李壻景鄉晚

1.

豐潤李郁如照校

132.

琥齋日記

（清）方鼎録撰。稿本。

方鼎録（一八二四—一八九〇），字元仲，江蘇儀徵人，原籍安徽歙縣。清咸豐元年（一八五一）辛亥科舉人，循例捐内閣中書。十年（一八六〇）十二月，分發陝西同知。清同治元年（一八六二），署郃陽縣知縣。時值華渭回變，率各團練勇分别扼守金水溝等處，輕騎往來數十里，晨出暮歸，查閲巡防，力保鄉鎮安全。因守護縣城有功，欽差大臣勝保以『保守危城、接濟軍餉』，奏保方鼎録以知府儘先補用。不久，署同州府知府。同治五年（一八六六）調安肅府知府，十一月補延安府知府。同治八年（一八六九），開缺以道員候補，擢署潼商道。清光緒四年（一八七八），補鳳部鹽法道。五年（一八七九），開缺選部引見，仍以道員用。乃請假居津，并往還京津間。七年（一八八一）選授甘肅平慶涇固道，八年（一八八二）九月，充鄉試監試。十年（一八八四）十月，調補西寧道，十一年（一八八五）六月赴任，十六年（一八九〇）卒於任上。方鼎録爲人性情平和，老練持重，長期在邊陲爲官，於地方民政辦理認真，屢得上司信任。其弟方鼎鋭（一八二六—？）字子穎，號退齋，咸豐二年（一八五二）舉人，與兄鼎録同爲内閣中書，才名遍傳京城。八年（一八五八），鼎鋭以中書充軍機章京，十年隨駕往熱河避暑山莊，參贊機樞，聯絡總辦章京朱學勤等，與在京城主持防務的恭親王奕訢暗通消息，辛酉政變後頗受重用。同治五年，外放浙江温處道，後擢杭嘉湖道、寧紹台道，升兩浙鹽運使。方氏兄弟在同光之際朝野交遊甚廣。

該日記稿本，封面題署《琥齋日記》，又題『光緒七年辛巳庚寅月甲子元旦，七月止』，『津門寓齋，京師往來并志』。日記起於光緒七年正月初一日，止於同年七月三十日。當時似乎暫時參與直隷總督李鴻章幕府，有與司道一起參銜的記載。日記中還記載了與劉銘傳、鄭藻如、游智開、劉薌林等淮系官員的交往，以及李鴻章進京參加東太后慈安祭奠儀式及方氏本人壽辰因逢國喪而從簡等情形。因爲天津爲沿運河進京必經之處，各地赴京官員多途經天津，日記中有大量迎送官員的記載。方鼎録還受李鴻章委派前往保定迎接來京陛見的陝甘總督左宗棠。日記對京津官場的各種活動記載詳細，對晚清史研究有一定的參考價值。（任青）

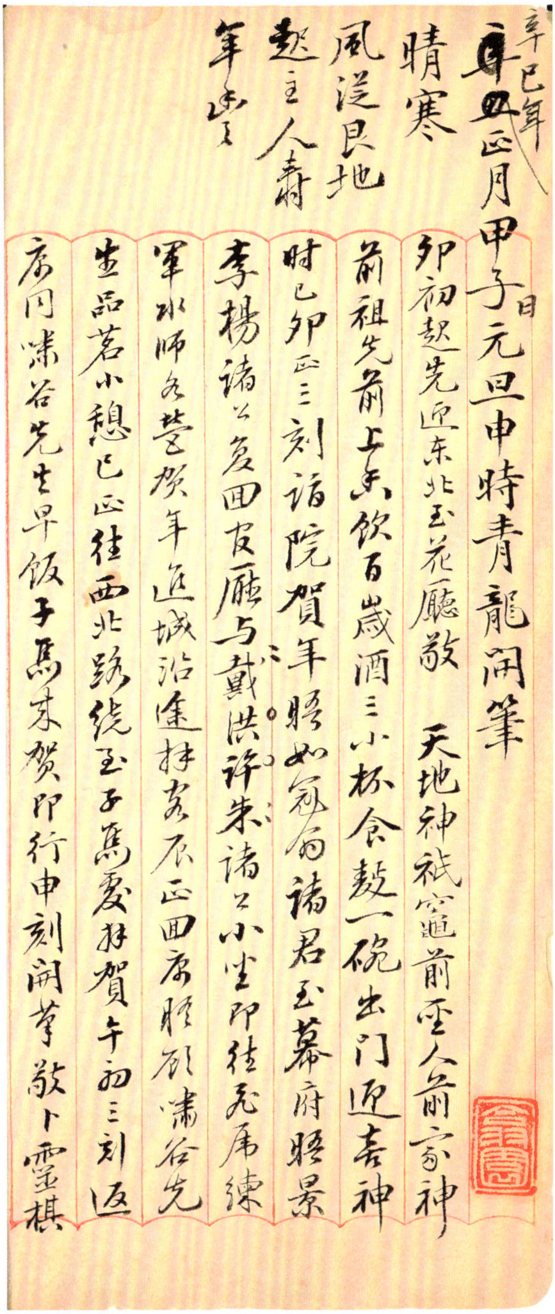

琥齋日記　（清）方鼎録撰　稿本

方鼎録（一八二四—一八九〇），字元仲，江蘇儀徵人，原籍安徽歙縣。

祁世長日記

原題《敏齋日記》《祁世長日記》。（清）祁世長撰。稿本。

祁世長（一八二五—一八九二），字子禾、子和，號敏齋。山西壽陽人，父祁寯藻，累官至大學士、禮部尚書。清咸豐元年（一八五一），世長由蔭生授户部員外郎，特旨召見，垂詢家世，改工部員外郎。旋中舉人。十年（一八六〇）中二甲三十名進士。選翰林院庶吉士。同治元年（一八六二），授編修。五年（一八六六）丁父憂，服闋，補翰林院侍讀，累遷内閣學士。光緒六年（一八八〇）升禮部右侍郎，調户部左侍郎管理三庫，擢都察院左都御史。十六年（一八九〇）遷工部尚書，兼管順天府尹事務。十八年（一八九二）八月，卒於京師，優詔賜恤，謚文恪。世長工詩，精鑒賞，曾三任學政，衡材取士，爲朝野稱頌。著有《思復堂詩集》。

該稿本日記有兩種，二册。第一册題名《敏齋日記》，起自光緒十四年戊子（一八八八）二月二十六日，止於同年三月十九日，記述作者以都察院左都御史署理禮部尚書的身份奉旨辦理泰東陵神牌還位事宜的過程，包括沿途見聞、人員交往、隨行賦詩抒懷，以及回京後料理都察院政務、與京官宴飲、雅集的各種情况；第二册題名《祁世長日記》，起於光緒十五年己丑（一八八九）五月，止於同年七月二十九日，記作者請假回籍修墓、祭祖的情况，對自京至壽陽沿途見聞、回鄉拜謁祖塋、修葺祠宇、聯絡族人、流覽鄉梓名勝、延見當地官員的情况都有記載，惟五月日記并非逐日記載，偶有缺漏。

祁世長還有其他日記稿本存世，其中《祁子和先生日記》二册，現藏上海圖書館，内容起自光緒七年（一八八一）九月初九日，止於十年（一八八四）十月初三日，所記包括日常起居、友朋往還、慈安太后安葬情况，以及充任浙江學政、奉旨勘察山東河工的見聞和經過，其中略有間斷。該日記已收入上海圖書館編《上海圖書館藏稿鈔本日記叢刊》（國家圖書館出版社、上海科學技術文獻出版社二〇一七年版）。（馬忠文）

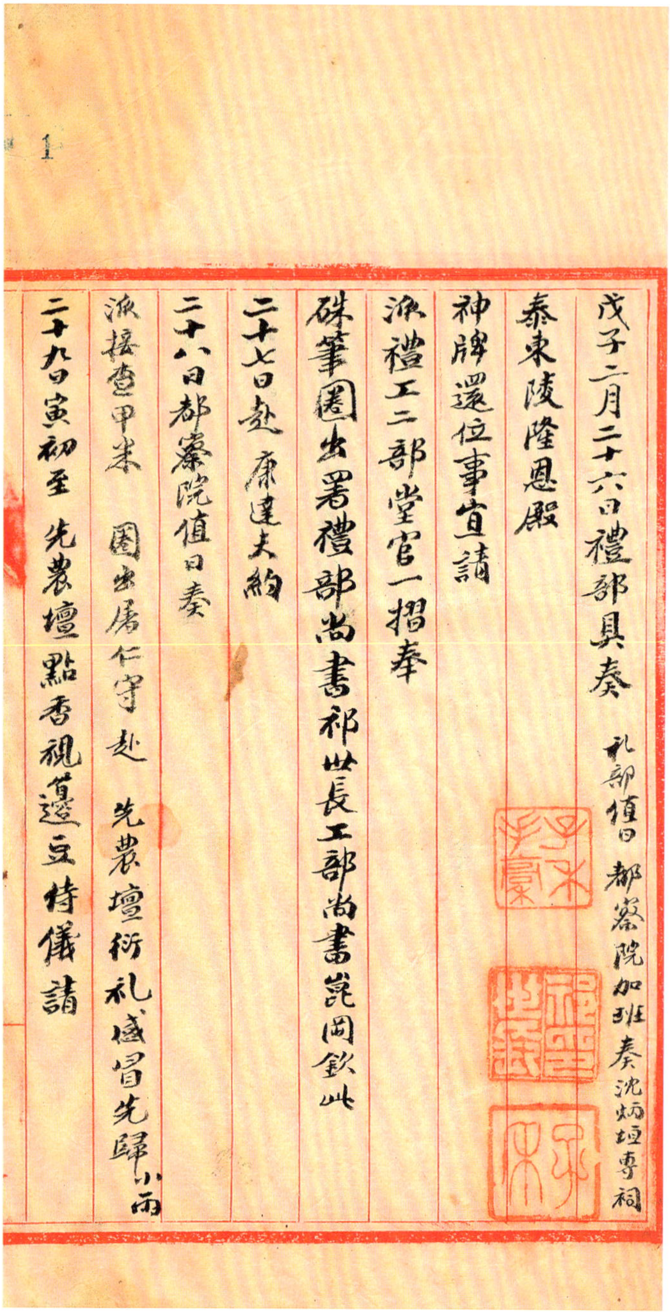
戊子二月二十六日禮部具奏 礼部值日 都察院加班奏 沈炳垣專祠
泰東陵隆恩殿
神牌還位事宜請
派禮工二部堂官一摺奉
硃筆圈出著禮部尚書祁世長工部尚書崑岡欽此
二十七日赴 康達夫約
二十八日都察院值日奏
派接查甲米 圈出屠仁守赴 先農壇行礼感冒先歸小雨
二十九日寅初至 先農壇點香視籩豆侍儀請

祁世長日記　（清）祁世長撰　稿本

祁世長（一八二五——一八九二），字子禾、子和，號敏齋，山西壽陽人。

南遊日記

（清）尚昌懋撰。稿本。

尚昌懋（一八二八—一八九一），字仲勉，號泉石主人，平南王尚可喜後裔，漢軍鑲藍旗出身，清咸豐元年（一八五一）襲三等輕車都尉，五年（一八五五）任廣東候補遊擊，歷任參將，副將，記名副都統，清光緒四年（一八七八）升任廣州滿州副都統，十三年（一八八七）任正紅旗漢軍副都統、海軍衙門行走，十四年（一八八八）任海軍衙門總辦，光緒十七年（一八九一）任正紅旗護軍統領，旋卒。

尚昌懋的《南遊日記》，計有五十卷，另附《歸田日記》一卷、《續黄粱起居瑣記》五卷。《南遊日記》起至光緒三年（一八七七）八月十九日離京赴廣州時，至十一年（一八八五）十二月三十日止；《歸田日記》起至光緒十二年（一八八六）正月一日，至該年二月初三日止；《續黄粱起居瑣記》起至光緒十二年二月初三日，至該年十二月三十日止。這些日記目前分藏於東北師範大學圖書館、中國科學院圖書館和中國社會科學院近代史研究所，各有缺佚。中國社會科學院近代史研究所藏爲《南遊日記》中的卷五（光緒四年五月、六月）、卷六（光緒四年七月、八月）、卷七（光緒四年九月、十月）、卷九（光緒五年正月、二月）、卷十（光緒五年三月、閏三月）、卷十一（光緒五年四月、五月、六月殘）、卷十二（光緒五年七月、八月）、卷十三（光緒五年九月、十月）、卷十四（光緒五年十一月、十二月）、卷十五（光緒六年正月、二月）、卷二十（光緒六年十一月、十二月）、卷三十八（光緒九年十一月、十二月）、卷四十七（光緒十一年五月、六月），計十三卷。

這十三卷的內容，雖然并不十分連貫，但是由於此期間尚昌懋一直在廣州任滿州副都統職，與廣州將軍長善、兩廣總督劉坤一、張樹聲、張之洞、粤撫張兆棟、裕寬、倪文蔚等顯宦均有不少交往，與聞不少行政機要，如中法戰争、馮子材平李揚才之亂等，日記所載自有重要史料價值。

尚昌懋長期任職粤都，熟悉地方，他經常談論廣州朝野事務，臧否官員士紳。如廣州知府馮端本因性情梗直、不逐流俗爲當地官紳不喜，遂遭他們陷害罷免，尚氏感歎云：『粤東爲海疆要地，全在經理得人，庶可以安反側。數年以來大吏之因循瞻顧，監司之枉法貪婪，比比皆然，靦不爲怪，而衆人偏能好官司爲，不但不爲上司所參，亦并不爲言官所劾，獨於公正廉明，任勞任怨，不畏顯要，不結大紳，商民感頌之廣州府馮子立太守，必欲劾去之，以隨官紳之私願，從此官紳聯爲一氣，地方之害，不知伊於胡底，有心世道者，不能不時切隱憂也。』（光緒五年五月四日）對於時局的評論可謂切中肯綮。

尚昌懋雖是武官，卻喜作詩，曾著有《緑雲軒吟草》。《南遊日記》中載有大量他即興創作的詩歌，其中竹枝詞系列頗能反映地方風土人情，尚昌懋也有意識地用詩來做實録：『俾粤東風土人情時事，稍記大概，將來日集日多，共成一幅，庶可開卷瞭然，亦不虚此一遊，詞中字句，祇圖記實，不計村俚。』（光緒六年正月十一日）『又得記事竹枝詞四首，余因欲將粤東諸事，一一細載，將來共得若干首，詳細注解，俾此邦風土人情，瞭若指掌。』（光緒六年正月十六日）如描繪廣州新年熱鬧景象：『彩幅高懸色色鮮，時花異様列庭前。新年奢費何須計，已向觀音借庫錢。』『歸德門前燈市開，陸離光怪各呈材。兒童狂喜遊人集，都道今年巧様裁。』（光緒六年正月初十日）諷刺候補官員的泛濫及投機心態：『官途滋味太辛酸，塞滿羊城候補官。久斷炊烟債山積，期他操守愛民難。』（光緒六年正月十三日）描寫粤都燒香敬神風俗：『城隍神誕最繁華，女海男山望眼賒。争買驅邪符一紙，香花供奉遍家家。』（光緒六年二月十六日）都形象生動，兼具文學史與地方文化史價值。

《南遊日記》其餘所記，雖多爲日常應酬、思親懷友、家居瑣事，然從中頗可見出尚氏爲人及性格，并可考及所酬接人物之事迹，未可以其脞雜而忽之。（張劍）

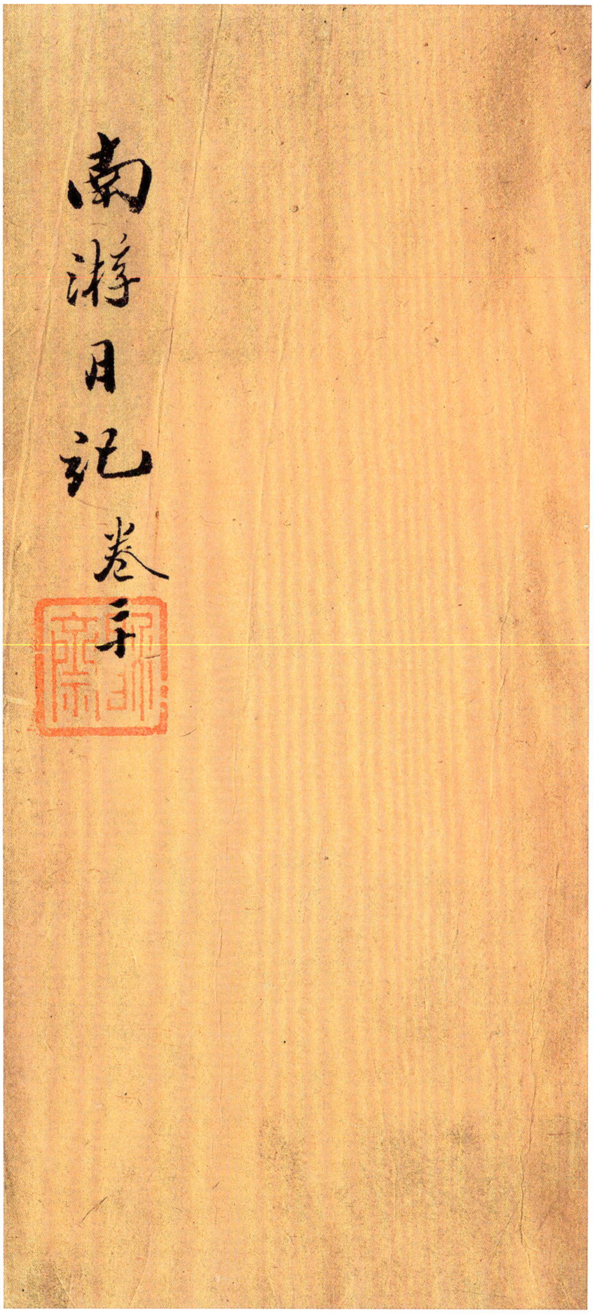

南遊日記　（清）尚昌懋撰　稿本

尚昌懋（一八二八—一八九一），字仲勉，號泉石主人，平南王尚可喜後裔。

1

南游日記卷五

泉石主人仲勉氏著

戊寅五月初一日

早餐、出門至金剛菴、五仙觀行香、出城拜會彭子衡鎮軍、復轉道西關拜會龍葉琴觀察、馬雲湖廉訪、陳桂士觀察、進西門拜會吉仲德都護、至大姑奶奶處視、已移居光塔街、已正回署、行上房各處矣、徐錫麟來、告知伊祖母已經安葬、

南游日記卷十

泉石主人仲勉氏著

己卯三月初一日

早餐、晴、早起強出門至金剛菴、五仙觀、行香、順至齋仲交觀察處送行、遶孫筼帆、吉仲德、李受亭、黃少蘇、均未晤、俊星來送至此、為不速之客、彼此暢談、覺心境為之稍舒、余因自接家信後、心緒紛如、出處之間、實難取決、

北征日記

（清）吴大澂撰。稿本。

吴大澂（一八三五—一九〇二），原名大淳，因避諱同治皇帝御名而改，字清卿，號恒軒，又號愙齋，江蘇吴縣（今蘇州）人。清同治七年（一八六八）中進士，改庶吉士，散館授編修；十二年（一八七三），提督陜甘學政。光緒四年（一八七八），以道員發山西，次年補河南河北道。六年（一八八〇），奉旨以三品卿銜，赴吉林幫辦邊務。十年（一八八四），朝鮮發生甲申政變，奉旨赴朝查辦，并與日方交涉。翌年二月，隨直隸總督李鴻章與日使伊藤博文進行朝鮮善後事宜談判。十二年（一八八六），赴吉林會同地方定中俄邊界，與俄方簽訂勘界議定書。同年，擢廣東巡撫。十四年（一八八八）七月，署河東河道總督，尋實授。十五年（一八八九），丁母憂，回籍守制。十八年（一八九二）服闋，授湖南巡撫。二十年（一八九四），甲午中日戰争爆發，統軍出山海關，兵敗回任，後罷職。二十八年（一九〇二）正月，卒於里第。吴氏精鑒賞，潛心金石、古文字研究，著有《説文古籀補》《權衡度量實驗考》《恒軒所見所藏吉金録》《古玉圖考》《愙齋集古録》等。

現存吴大澂所撰日記分散存於各處，已知稿本或鈔本日記有：（一）《吴清卿太史日記》，稿本，始於咸豐十年（一八六〇）四月初一日，止於同年五月廿七日，藏安徽省博物館，另有鈔本傳世，整理後收入《中國近代史資料叢刊·太平天國》。（二）《止敬齋日記》，稿本，記咸豐十一年（一八六一）元旦至同年三月三十日作者應吴雲之邀避難上海時期事，記其所見書畫、古器及友朋交往等，又名《辛酉日記》，在民國時期已有刊本（唯止於二月十二日）。（三）《恒軒日記》，稿本，凡三册，藏上海圖書館。第一册自同治六年（一八六七）七月初一日至七年（一八六八）四月初一日；第二册自同治八年（一八六九）五月初一日至九年（一八七〇）正月廿一日；第三册自同治九年（一八七〇）三月廿四日至同年八月初四日。（四）《奉使吉林日記》，稿本，一册，起自光緒六年（一八八〇）四月廿一日，止於同年十二月十九日，今藏南京圖書館。（五）《北征日記》，稿本，記光緒八年（一八八二）五月初一日至九年（一八八三）八月十九日在東北寧古塔辦理防務活動，故名『北征』，藏上海圖書館，該日記與上述《止敬齋日記》已經收入《上海圖書館藏稿鈔本日記叢刊》。（六）《皇華紀程》，稿本，題名《吴大澂中丞奉使琿春日記手稿》，記光緒十二年（一八八六）奉使琿春與俄官員查勘邊界訂約之事，始自正月十七日由天津啓行，止於九月十五日差使結束，藏中國社會科學院近代史研究所，已收入《近代史所藏清代名人稿本鈔本》第一輯；另，該日記早有民國刊本，後又收入二十世紀八十年代出版的《長白叢書》。

此次影印的近代史研究所藏稿本《北征日記》，題名與上海圖書館藏本同，但時間始於光緒七年辛巳（一八八一）二月初一日，迄於光緒八年壬午（一八八二）四月三十日；與上海圖書館藏《北征日記》前後相銜接，顯然，二者原本爲一體。吴大澂於光緒六年（一八八〇）五月十七日行抵吉林省城，次年四月十五日奉旨督辦三姓、寧古塔防務和屯墾，八年（一八八二）年初，始常駐寧古塔，直到九年癸亥（一八八三）九月十二日啓程離開吉林。在吉林期間，吴大澂留下了包括上海藏本的《北征日記》。該日記記載簡略，所記書信往還情況最多，通信者除親屬、幕僚、東北的文武官員外，還有不少當時重要的政治和文化人物，如李鴻藻、李鴻章、翁同龢、左宗棠、張樹聲、潘祖蔭、劉瑞芬、張佩綸、盛宣懷、陳介祺等。日記中提及創立吉林機器局、購買軍火、設置炮臺、屯田招墾及和俄國官員交涉邊務的情形。作者撰寫并完成名著《説文古籀補》，日常考釋金石拓片、作書畫、邀客雅集、鑒賞古董等文化生活在日記中也占相當比重，這些對研究晚清史及吴大澂的生平與交往，都具有珍貴的參考價值。（馬忠文）

北征日記　（清）吴大澂撰　稿本

吴大澂（一八三五—一九〇二），原名大淳，字清卿，號恒軒，又號愙齋，江蘇吴縣（今蘇州）人。

辛巳年

二月初一日上總署書 將軍來晤 未刻拜發敬陳管

見一摺又請海參崴設立領事官一片又請續假二十日

一片 銅井來晤 讀漢書 燈下作詠史七律三首

初二日作詠史七律一首 復長潤生書 復戴孝侯書

讀漢書 燈下致張幼樵書

初三日復潘辛芝書復汪蓉田書復屠時甫書致華

帽山書 致呂庭芷前輩書 復王念劬書復琬卿弟書

復張敬甫書

寄家信

初九日 復王薇雲書 致戴孝侯書

午後至安字營閱弋什訥兵打槍靶 復依堯山書

初十日 復秦子煐書 是日吳將軍招飲

十一日 撰復奏朝鮮貧民占種吉林邊地妥議安插

摺稿又片稿一件 金壽山都護來晤

十二日 致李秋亭書 撰敬陳管見摺稿 申刻招

富春軒明芷軒玉崑圃三都護及鳳占臯民永

博臣飲 致張孝達中丞書

十三日 答金壽山都護 巳刻至安字營閱弋什訥兵

寫篆屏四幅 勤生來晤
初六日 復潘振聲書 復種遠菴書 申刻招文幼
蘭邢錫侯舒曝民金伯卿彭小圃呂叟初書贊臣
夜飲
初七日上母親稟 復大兄書 致廖穀士種曉峯
書 申刻銅井招飲
初八日致秦亭琳書 復曉滄琳書 復王念
劬書 招鳳占王重森董煥卿筱舫彥孫靜菴
彥臣飲

致依堯山書

初十日 復振之信 復宋勳生信 致丁友雲書 復王薇雲書 復沈子卿書

十一日 復依堯山書 致秋亭書 復振之書

十二日 復趙松巖書 致宋勳生書 復富森圃書 復文煥卿書 復潘振聲書

十三日 起洛札子稿 寫篆聯七副

十四日 復宋勳生信 復銅井信 復楊實甫信

十五日 偕遠菴都護同至江南查看船隻

清真書屋寫鈔

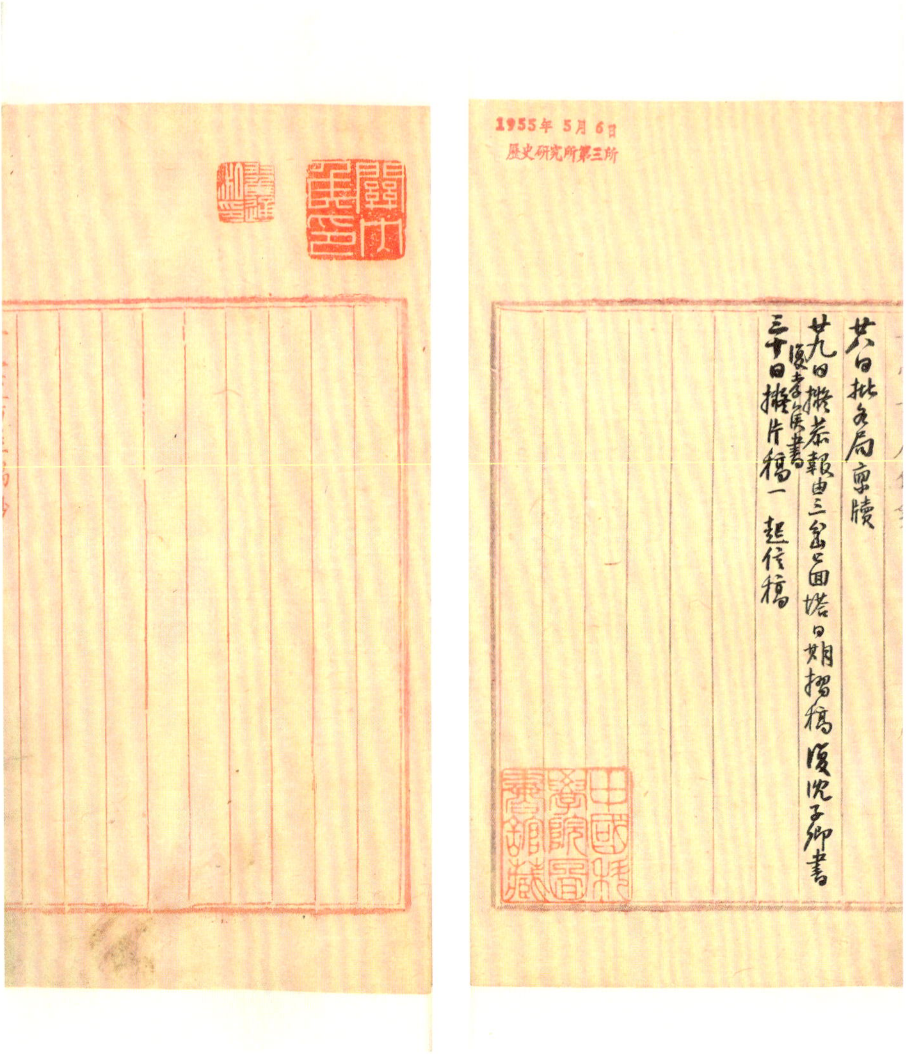
1955年 5月 6日
歷史研究所第三所
廿八日 批各局禀牍
廿九日 擬恭報由三岔口開墖日期摺稿 復李少荃書 復沈子卿書
三十日 擬片稿一 起信稿

華金壽日記

原題《督學中州日記》《督學山左日記》。（清）華金壽撰。稿本。

華金壽（一八三九—一九〇〇），本名鑄，御筆改金壽，字銅士，號竹軒，直隸天津人。清同治十三年（一八七四）中進士二甲第一名，改庶吉士，散館授編修。光緒五年（一八七九）充湖南鄉試正考官。十一年（一八八五），提督河南學政。十七年（一八九一），京察一等，之後兩年中補授詹事府右贊善、左贊善，右春坊右中允、左中允。十九年（一八九三），提督山東學政，期間補授翰林院侍講、侍讀。二十四年（一八九八）十月，補授詹事府少詹事、詹事。二十五年（一八九九）三月，授內閣學士兼禮部侍郎銜；五月署理工部左侍郎。次年（一九〇〇）二月，補授工部右侍郎兼管錢法堂事務；四月，調補户部右侍郎兼管錢法堂事務；五月，派充福建鄉試正考官；八月調吏部左侍郎，不久病逝途中。華金壽一生長居清秩之職，屢出衡文，多以通經致用、讀書植品等勉勵文武士子。

本書所收華金壽日記凡三種，皆係未刊稿本。日記第一種無題名，共一册，實即光緒五年主考湖南鄉試日記，所記起自五月二十二日得旨充湖南正考官，止於同年十一月二十六日還京覆命。第二種題作《督學中州日記》，共四册，所記起自光緒十一年八月初一日奉旨出任河南學政，止於光緒十四年（一八八八）四月初六日巡考行至鄭州。第三種題《督學山左日記》，共六册，起自光緒十九年五月十二日奉旨出任山東學政，止於光緒二十三年（一八九七）十一月初四日還京。因有光緒二十年（一八九四）八月一日『毋庸更换』、光緒二十二年（一八九六）正月八日『留任』之諭旨，華氏視學山東長達四年多。另有附録一種，題作《中州視學録》，所收主要爲視學河南期間的告示、條規，題名録等，似是幕府書吏鈔成，或是上任學政馮文蔚移交之物，堪稱晚清教育，尤其是考試制度方面的重要史料。這些稿本，除《督學中州日記》第二册、《督學山左日記》第五册所用分别是成寶齋和松茂齋所製半頁八行箋紙外，其他各册均是松竹齋半頁九行箋紙裝訂而成。

三種日記記録了華金壽的往來行程，湖南、河南、山東三地省城的官場往來，湖南鄉試的闈中生活，河南、山東全境的歲試奔波，各地考題、學額等等，較細緻地呈現了考官、學官的日常生活。一般而言，學政的日常工作，何時出都、如何接待、如何接印、如何考試、如何閲卷、學額多少、如何獎罰等等，《學政全書》裏都有詳細規定和説明，學政須照章辦事。據該日記，光緒十九年華金壽出任山東學政時，六月二十一日『拜印』，二十二日即『謁文廟，拜至聖，拜崇聖祠。更衣講書畢，隨即拜客謝喜』。此前光緒十一年提學河南時，接印在十月十三日，中隔一日，十五日『謁文廟』行禮。如此緊凑的日程安排，乃是因爲《學政全書》規定：按臨次日，學政須『詣學行香，即行講書』。前者可謂嚴格遵行，後者則略有違規。學政從京城來到地方，接拜絡繹，士子從風，當然十分風光，但結合著督學日記中巡考的奔波、閲卷的繁重等記載和《學政全書》裏細到『出恭』的繁文縟節的規定來看，京官艷羡的學政實屬一件苦差，這種辛苦，華金壽的日記裏都有很好的呈現。（李開軍）

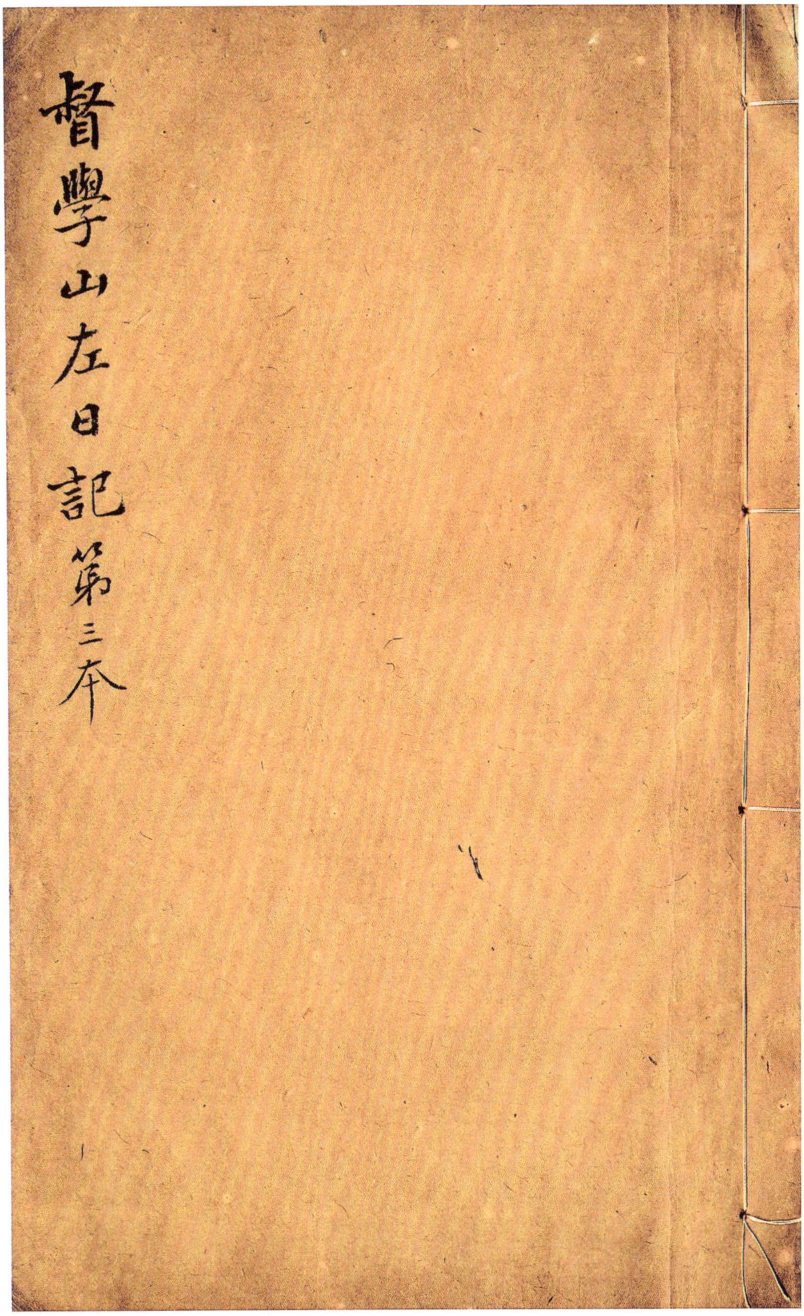

華金壽日記　（清）華金壽撰　稿本

華金壽（一八三九—一九〇〇），本名鑄，御筆改金壽，字銅士，號竹軒，直隸天津人。

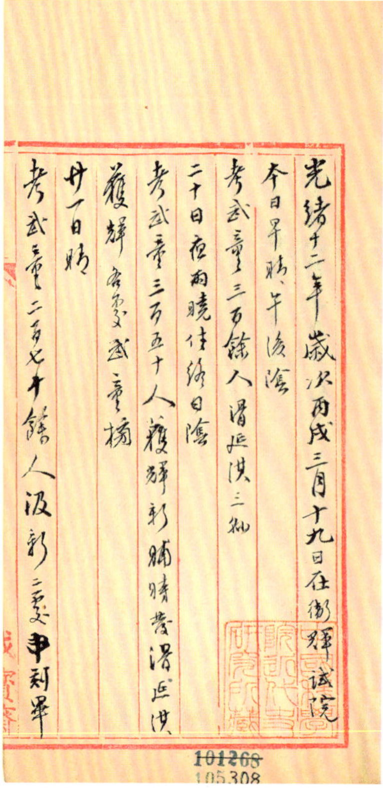
光緒十二年歲次丙戌三月十九日在衛輝試院
今日早晴，午後陰
考武童三百餘人，滑、延、洪三縣
二十日夜雨，曉住，終日陰
考武童三百五十人，獲、輝、新、輔、晴、費、滑、延、洪
覆輝、原、武童榜
廿一日晴
考武童二百七十餘人，汲、新二處，申刻畢

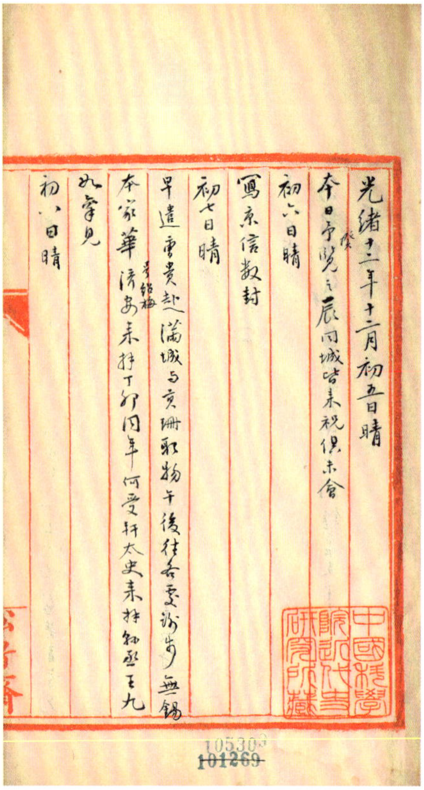
光緒十二年十二月初五日晴
今日予覽揆之辰，同城皆來祝，俱未會
初六日晴
寫京信數封
初七日晴
早遣雲貴赴滿城與亥珊取物，午後往吾受詠步無錫
本家華清安少梅來拜，丁卯同年何受軒太史來拜，知西王九
九峯見
初八日晴

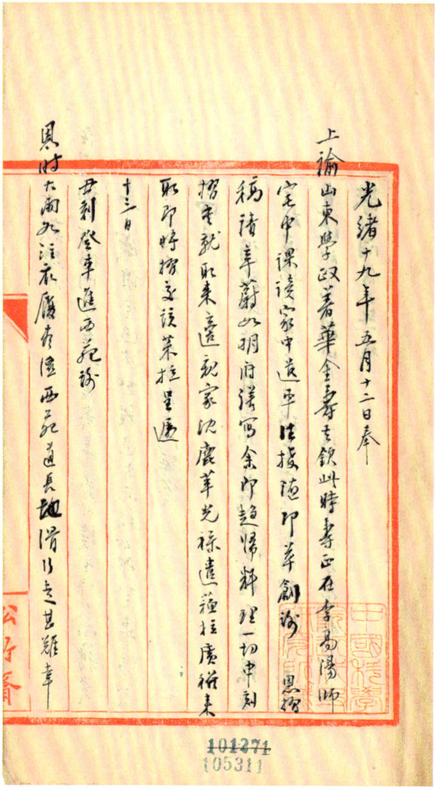
光緒十九年五月十二日奉
上諭山東學政著華金壽去，欽此。時壽正在李高陽師
宅中課讀，家中遣人往探，隨即草創謝恩摺
稿，請李蔚如湘府請寫，余即趨歸料理一切，申刻
摺寫就，取來遣親家沈霞軒光祿遣人往廣裕來
取印時摺交該茶柱呈遞
十三日
丑刻登車，進西苑請
恩，時大雨如注，衣履盡濕，西苑道長泥滑行走甚難，幸

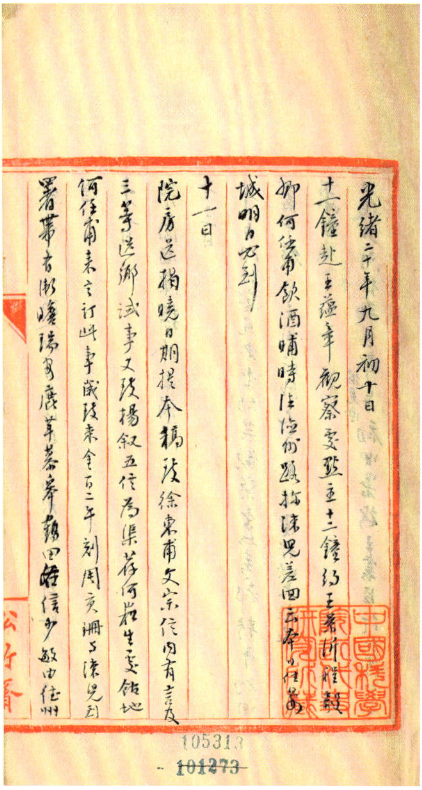
光緒二十年九月初十日
十一鐘赴王蘊卿觀察處，至十二鐘約王蘅甫雅穀
卿、何佐甫飲酒，晡時往候何聘梅、陳兒嵩田，二奔往萬
城，明日七刻
十一日
院房送揭曉日期，擬本稿，後徐東甫、文宗信內有言及
三等送鄉試事，又跋揚叙五信爲渠薦何嶽生，定館地
何佐甫來，訂此事，戚跋來，令百二年刻周亥珊子、陳兒到
署，帶有澍樓瑞寓、麼草慕峯韓田信，少敏由任州

醇親王巡閲北洋海防日記

（清）周馥代撰。鈔本。

奕譞（一八四〇——一八九一），號樸庵，道光帝第七子。清道光三十年（一八五〇）正月，清咸豐帝即位，受封醇郡王。清咸豐九年（一八五九）與葉赫那拉氏（即慈禧之妹）婚禮成。咸豐帝崩，參與發動辛酉政變。同治皇帝即位，奉旨管理神機營事務，清同治十一年（一八七二）晉封親王。同治帝崩，奉懿旨以次子載湉承繼大統，爲嗣皇帝，即光緒皇帝，命以親王世襲罔替。清光緒十年（一八八四）三月，甲申易樞，奉懿旨軍機處遇有緊要事件，會同商辦，始參與朝政。次年，奉旨勘修南北海工程及籌辦海防事宜，總理海軍事務，所有沿海水師，悉歸節制調遣。十二年（一八八六）四月，巡閲北洋海防水陸操練陣勢。十六年十一月（一八九一年一月）薨。著有《九思堂詩稿》《樸庵四稿》《航海吟草》等。

該日記鈔本係原北京大學文科研究所藏本，用紅色豎格毛邊紙楷書鈔録，每頁十行，每行二十三字，共九十頁，主要記述了醇親王奕譞於光緒十二年四月至五月間巡視北洋海防的過程。由時任津海關道周馥（字玉山）記録。開篇首先追述上年海軍衙門成立的緣起和人員構成情況，以醇親王奕譞爲總理大臣，慶郡王奕劻、直隸總督李鴻章爲會辦，正紅旗漢軍都統善慶、兵部右侍郎曾紀澤爲幫辦，決定先從北洋精練水師一支，由李鴻章專司其事。其次記醇親王奕譞巡閲的行程安排和所見所聞。四月十一日，醇親王奕譞奉懿旨由京啓行，至通州登船，經水路前往天津。四月十三日，李鴻章至浦口迎接，陪同至天津海光寺行轅。期間，醇親王在李鴻章等陪同下，接見各國駐津領事，檢閲北洋武備學堂，隨後由大沽分乘『海晏』『保大』兩輪，前往旅順檢閲防營，觀看南北洋軍艦演陣，視察船塢各工；又前往威海衛視察『定遠』『鎮遠』諸艦，及前往烟臺視察。四月二十日，展輪回大沽，巡閲大沽防營、炮臺和各機器局廠。四月二十二日，返回天津，視察淮軍行營製造局，檢閲津防各軍，并參觀天津機器總局、北洋水師學堂等。四月二十五日，離津回京。五月初一日，向慈禧太后復命，前後歷時二十天。日記對醇親王處處恪守親藩體制、謹慎行事的風格也有所反映。

該日記是研究北洋海軍史的重要史料文獻，并經整理刊載於一九八二年出版的《近代史資料》總四十七號。另，該日記曾有一九三八年至德周氏師古堂刻本，現收入李德龍、俞冰主編《歷代日記叢鈔》；北京大學圖書館也存有鈔本一種。

（張海榮）

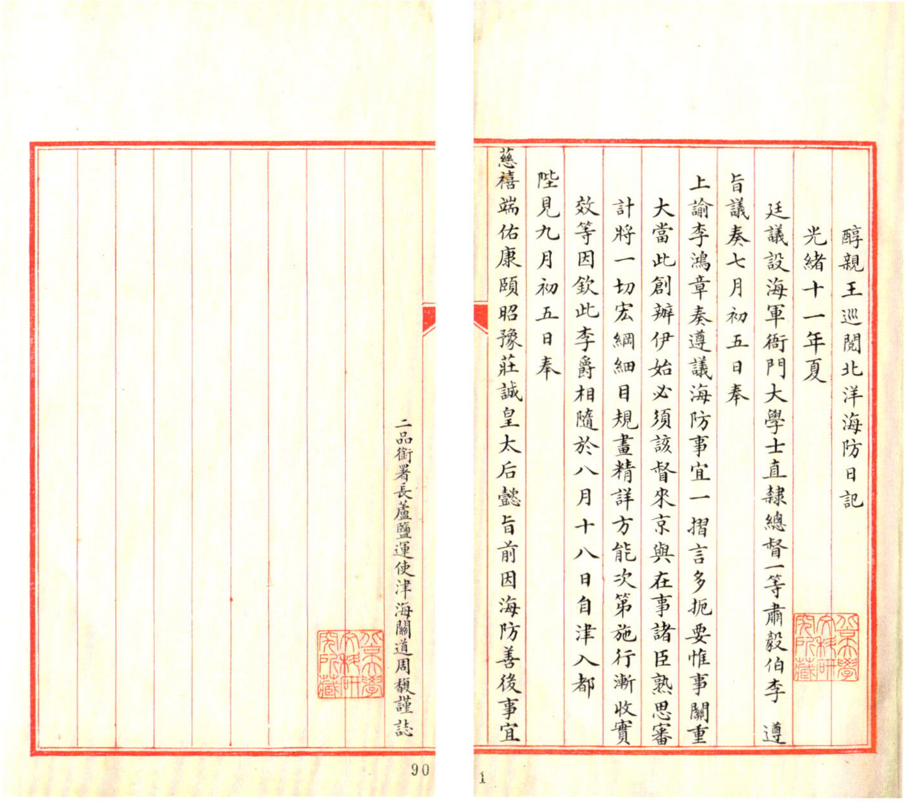

醇親王巡閱北洋海防日記　（清）周馥代撰　鈔本

奕譞（一八四〇—一八九一），號樸庵，道光帝第七子。

東行日記

（清）吉同鈞撰。稿本。

吉同鈞（一八五四—一九三四），字石生，一作石笙，晚號頑石，陝西韓城人。清光緒八年（一八八二）舉人，十六年（一八九〇）中進士，簽分刑部，歷官主事、員外郎、郎中，精通刑律，爲刑部堂官薛升允、趙舒翹、沈家本等倚重，清末新政期間充法律館總纂，參與修律事宜。辛亥革命後，他棄官歸隱，以詩書自娱。吉氏一生勤於著述，耽於吟咏。著有《大清現行刑律講義》《樂素堂文集》《樂素堂詩存》等。

該日記稿本，封面題《韓城吉石笙先生手訂東行關外日記稿》，附題『己巳暮春鶴壽敬題』，『臨汾段鶴壽珍藏紀念』，并鈐『段鶴壽』方印，可知稿本曾由臨汾段鶴壽收藏。日記爲墨筆楷書，用『法律館』十行稿紙，半頁十行，每行二十字，有删改痕迹，後附光緒二十九年（一九〇三）上刑部堂官《論請寬原蒙古秋審人犯説帖》的草稿，前後共計七十三頁。

日記起於光緒二十八年（一九〇二）正月二十六日，止於同年五月初六日，記述吉同鈞隨大學士、兵部尚書裕德出關查辦蒙古哲里木盟事件途中的所見所聞。時蒙古哲里木盟盟長、圖什業圖親王色旺諾爾布桑保被旗下逼迫自縊，清政府命裕德携司員前往查辦，并允准會同奉天將軍增祺在盛京（今瀋陽）調案訓辦。故日記記載了查辦往還行程路綫、道里遠近，沿途山川地輿、官情民俗等。日記中寫道庚子後京津沿途各村，大多殘破不堪，『人亡室空，一望灰燼，慘目傷心』。天津城則『府城拆毁，四面均爲外洋各國租界，洋兵盤踞横行，居民時被蹂躪，觀者傷之』。二月初抵達盛京後，於俄人在東北的横暴侵略和邊地民衆的困苦情狀，以及馬賊横行、處處伏莽的亂局也有反映：對俄兵逼處、馬賊劫奪，『閭閻受其欺凌，敢怒而不敢言』的境遇極表同情。對人犯、案證提到後案情的審判過程記載更詳，稱圖什業圖親王草菅人命，殘暴無比，『此其結怨取恨，非伊朝夕，故一旦衆怒决發，不可遏阻』。故定讞僅判四名主犯死罪，餘皆分别責釋。

此外，他們還奉旨查辦哲里木盟副盟長、札薩克圖旗郡王烏泰通賊虐民一案。該案最大難點是『該郡王倚恃外人，從中干預，雖以欽差之權，亦不能遽治其罪。定案僅擬革職，外人猶不允許，無可如何，改擬革職留任、三年開復，敷衍了事』。這讓吉同鈞憤慨不已。日記還對内外蒙古的行政建置、官制、歷史沿革、宗教信仰、風俗民生和清政府的治蒙政策等有所分析，對於方興未艾的新政，也有觀察和思考，對研究晚清政治史有一定參考價值。

該日記由杜春和、耿來金首次點校整理，取名《吉同鈞東行日記》，刊於一九九六年出版的《近代史資料》總八十七號，但内容有删節，諸如光緒二十八年三月初七日、初八日、初十日、十二日、十八日，四月初九、初十、十二、十六、二十日各日記均省略，或删節數十字到千餘字不等。二〇一四年閆曉君整理吉同鈞《樂素堂文集》出版，内附《東行日記》即據《近代史資料》版。此次影印可使讀者一睹日記全貌，與研究頗有裨益。（張海榮）

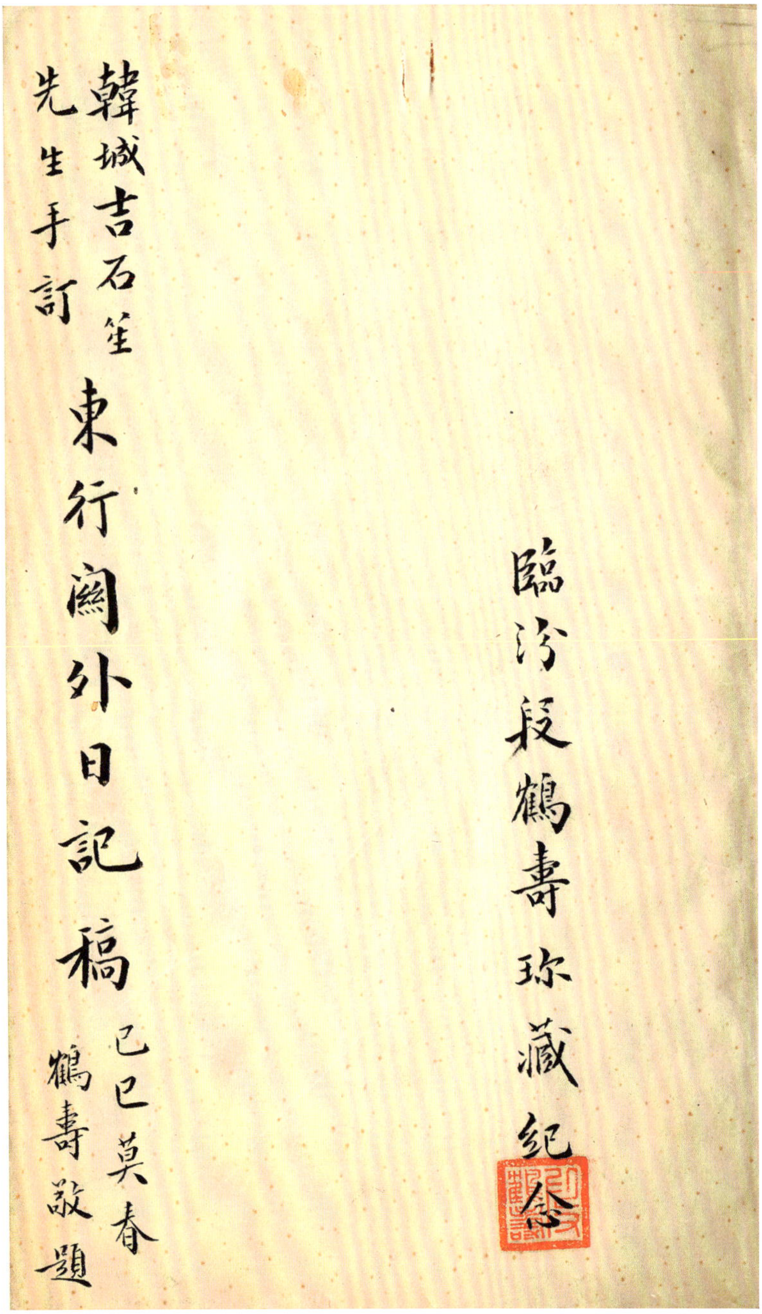

東行日記　（清）吉同鈞撰　稿本

吉同鈞（一八五四—一九三四），字石生，一作石笙，晚號頑石，陝西韓城人。

光緒辛卯季冬

兩宮回鑾振興百度越明年壬寅新正

命大司馬裕公名德前往蒙古哲里木盟查辦事件大司馬以事關刑名須帶刑曹知律例者一人商之大司寇貴公恒公以同鈞薦大司馬允之隨即具摺奏請准帶帶四員兵部正郎來儀亭名存李郁如名鍾豫理藩院副郎聯仁山名綏刑部郎同鈞也查哲里木係內蒙古東四盟之一共領十旗科爾沁六旗杜爾伯特一旗郭爾羅斯二旗扎賚特一旗該盟東南界奉天東北界吉林黑龍江西界卓綍圖昭烏達兩盟南界奉天

吴熹日記

吴熹撰。稿本。

吴熹（一八五四—？），字子明，號季寅、蘭吟，别署倦遊逸叟，雲南保山人，原籍江西金溪。伯父樹聲、樹勳，分别在山東和河南做知縣。吴熹髫齡失恃，隨父樹藩來山東投奔伯父，自幼受伯父、伯母教養，攻讀舉業。清光緒元年（一八七五），於乙亥恩科順天鄉試中式舉人，次年聯捷成進士，授兵部學習主事。後呈請歸進士知縣原班銓選，八年（一八八二）選得廣西荔浦知縣，赴任數年，因丁憂開缺。十六年（一八九〇）起復後，改官直隸高邑、邯鄲等縣知縣，歷官深州、冀州直隸州知州、朝陽知府，頗著循聲。三十三年（一九〇七），東三省改制，吴熹升署吉林提法使，次年實授，辛亥鼎革後去職。一九一四年，朱家寶出任直隸都督兼民政長，因同鄉關係，吴熹隨之出山，任直隸内務司長，護理民政長，調津海道尹。迨至一九一七年，張勳復辟失敗後，朱家寶去職，吴熹也被免職。一九一九年十二月，奉大總統徐世昌令，復交由内務部酌量任用，爲内務總長田文烈聘爲顧問員，兼農商部經濟調查會調查員，但因薪水微薄，不足家用，當年又赴開封，受聘爲河南省長張鳳臺之高等政治顧問。一九二二年十二月，同鄉李根源出任農商總長，又被任命爲參事兼充秘書廳事。半年之後，李根源去職，吴燾亦不安於位，於一九二三年秋赴洛陽，參直系領袖吴佩孚軍幕，次年被聘爲河南課吏館館長。是年秋冬，吴佩孚在第二次直奉戰爭中失敗，幕僚星散，吴燾寓居天津。一九二五年四月，因不滿馮玉祥國民軍勢力壯大，把持臨時執政府，奉系張作霖和吴佩孚又産生合作需要，張氏遂派吴燾赴湖南岳陽聯絡吴佩孚，共同對付馮玉祥。迨北伐開始，張作霖在北京成立安國軍政府，吴燾被任爲内務部總務廳長。北伐戰争後脱離政界。身爲前清進士，吴燾以筆墨討生活，尤其是進入二十年代後寄人籬下，疲於奔命。政事之外，頗擅詩文，尤喜詩鐘、戲劇，著有《味蓼軒詩鐘彙存》《梨園舊話》等。

《吴燾日記》稿本係毛筆行草手書，用朱絲欄稿紙，除最後一册半葉九行外，其餘均半葉八行，行字不等。現存日記起一九一五年，止一九二七年，間有中斷。内容包括一九一五年四月十五日至十月三十一日；一九一六年十一月二十七日至一九一七年六月二十六；一九一八年三月一日至一九二〇年八月五日；一九二〇年九月三日至十二月三日；一九二二年十一月九日至一九二三年四月三日；一九二三年十二月三日至一九二四年三月十九日；一九二五年二月六日至八月三十一日；一九二七年六月二十八日至九月三十日。其中所存一九二五年的日記曾經《近代史資料》總五十五號選録刊行，其餘均未刊布。

由於吴燾經歷豐富，北洋時期與各派系交往密切，也曾參與機密決策，其日記爲瞭解這一時期的歷史和社會提供了不少關鍵信息，對研究北洋時期的政治、文化具有重要價值。首先，身在宦海的吴燾對北洋政界和官場多有記載和評論。

比如他任津海道尹數年間，不僅對天津官場和直隸的地方吏治多有直接評論，而且也記録了『二十一條』談判、府院之争等北京政情在天津的反響；後來遊走於直系吴佩孚、奉系張作霖和復辟派的張勳等勢力之間，不僅所見所聞多反映了當時的政治生態，而且也親自參與了一些政治密謀，譬如爲張作霖、吴佩孚合作對付馮玉祥而奔走聯絡。其次，吴熹在晚清北洋從政數十年，社會交往甚廣。日記不僅記録了朱家寶、楊士琦、張勳、吴佩孚、張作霖等高層人物的言行，而且記載了許多中下層人物的活動，提供了難得的信息和綫索。此外，吴熹酷愛京劇，看戲評戲，頗有心得，日記中保留了大量戲劇資料。他還參與天津瀟鳴詩鐘會、北京稊園詩社的唱和活動，在日記中保留了諸多詩鐘作品和聯語。這些也爲瞭解北洋時期的文學藝術史和士大夫生活史提供了參照。（韓策）

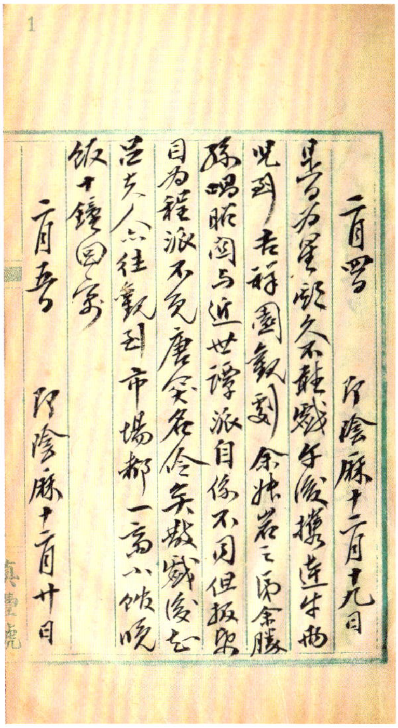

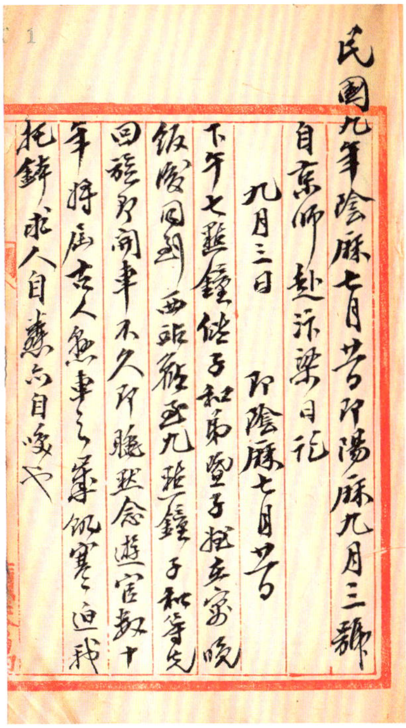

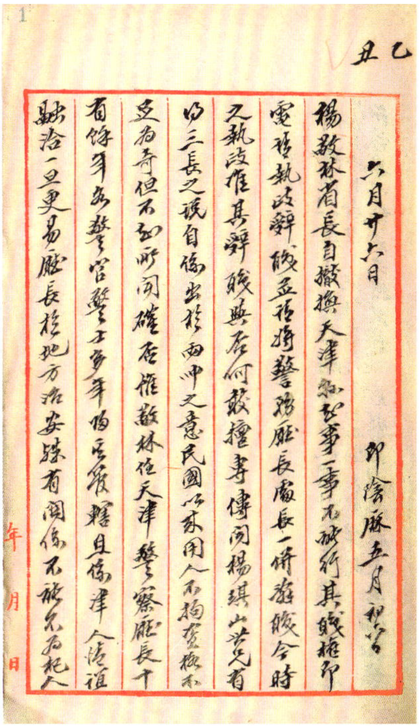

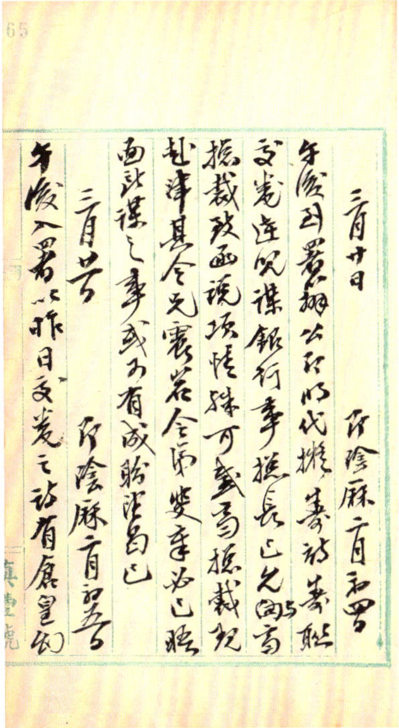

吴熹日記　吴熹撰　稿本

吴熹（一八五四—？），字子明，號季寅、蘭吟，别署倦遊逸叟，雲南保山人。

戊戌紀略

袁世凱撰。鈔本。

袁世凱（一八五九—一九一六），字慰庭，别號容庵，河南項城人。出身世家，叔祖袁甲三官至漕運總督。袁世凱少年時隨嗣父袁保慶、從叔袁保恒在江寧、京師讀書，曾兩赴鄉試，不第。清光緒七年（一八八一）入吴長慶軍幕府，隨赴朝鮮，參與平定壬午之亂。十年（一八八四），受命總理營務處，果斷率部平定朝鮮甲申之亂，受到清廷贊譽。次年，以候補道員任總理交涉商務委員。十九年（一八九三），補授浙江温處道。二十年（一八九四），中日甲午戰起，奉調回國，與周馥辦理糧臺事宜。次年四月銷差，交督辦軍務處王大臣差委。十月，奉旨督練新建陸軍，爲近代中國以西法練兵之始，史稱小站練兵。二十三年（一八九七）六月，擢直隸按察使，仍專司練兵。

二十四年（一八九八）七月，因侍讀學士徐致靖奏保，進京陛見，奉旨以侍郎候補，專辦練兵事務。時值百日維新後期，新舊鬥争日趨尖鋭，康有爲等新黨鋌而走險，有『圍園劫后』密謀，派軍機章京譚嗣同夜訪袁世凱，盡以密謀相告，命世凱率新建路陸軍『圍頤和園，殺榮禄，保衛皇帝』。世凱未允，旋返天津。八月初六日，慈禧太后宣布訓政，世凱遂將康黨密謀合盤端出，導致譚嗣同、楊鋭等六君子罹難。政變後，奉旨護理直隸總督。

二十五年（一八九九）五月，補工部右侍郎。十一月，署山東巡撫。時山東反洋教活動活躍，袁世凱以調和民教爲名，全力鎮壓義和團。二十六年（一九〇〇）二月，實授山東巡撫。是年夏，八國聯軍入侵，形勢危殆。六月，與劉坤一、張之洞等東南督撫互通聲氣，與列强各國達成協定，實行『東南互保』。二十七年（一九〇一）九月，署直隸總督兼北洋大臣。二十九年（一九〇三），充練兵處會辦大臣，編練北洋六鎮。三十三年（一九〇七）七月，授外務部尚書、軍機大臣。次年十月，光緒帝、慈禧太后病逝。十二月，攝政王載灃以足疾爲由，命袁世凱開缺回籍。宣統三年（一九一一）八月，武昌起義爆發，清廷下詔起復袁世凱，簡授湖廣總督，藉以鎮壓革命軍。民國成立，舉袁世凱爲大總統。一九一五年下半年，推動復辟帝制，宣布明年改元『洪憲』，自稱中華帝國『皇帝』。一九一六年三月，在全國上下的反對聲浪中，被迫宣布取消帝制，仍稱總統，六月病逝於京。

袁世凱并無寫日記的習慣。該日記鈔本題『袁世凱著，一名袁世凱日記』，用無格稿紙鈔，每頁八行，共三十九頁。這篇《紀略》主要敘述了袁世凱光緒二十四年七月二十九日至八月十四日在北京和天津的活動，包括抵京受到光緒皇帝召見、拜訪權貴，以及八月初三日軍機章京譚嗣同夜訪法華寺勸袁率新軍『誅榮禄』『圍頤和園』的密謀活動等。一般認爲，這段所謂的日記其實是紀事本末體的回憶，是作者對世人責其出賣光緒帝和新黨的辯解，意在爲自己開脱。作者自稱寫於八月十四日護理直隸總督期間；八月二十五日回到小站後，又寫了《自書戊戌紀略後》。袁氏宣揚君臣大義，對譚嗣同等策劃圍園弑后的『大逆』行爲極力譴責，并極力表達『忠於』光緒帝的一片苦心。該文獻在袁世凱生前并未公布。一九二五年在張謇、張孝若父子支持下，南通翰墨林印書局最早刊行《戊戌紀略》，取名《項城自撰戊戌紀略》，并附有袁世凱撰《自書戊戌紀略後》、常州吴柟序、獨山莫天麟跋及李傳元（菊農）題詞等，首次對外公布袁氏日記内容。一九二六年二月，上海《申報》分五次連載《戊戌紀略》，祇披露了八月初一至初六日的紀事。左舜生編《中國近百年史資料》所録《戊戌紀略》，即據《申報》版本。一九四五年《江蘇文獻》續編第一卷第九十合期收入的《戊戌紀略序跋及題辭》，包括《戊戌紀略》和《自書戊戌紀略後》，内容與翰墨林印書局本文字略有出入。一九五八年《中國近代史資料叢刊·戊戌變法》第一册收録的《戊戌日記》則是依據《申報》所載《戊戌紀略》，除改動名稱，又根據近代史所藏該鈔本，補入《自書戊戌紀略後》，此爲史學界通常所用的版本。（馬忠文）

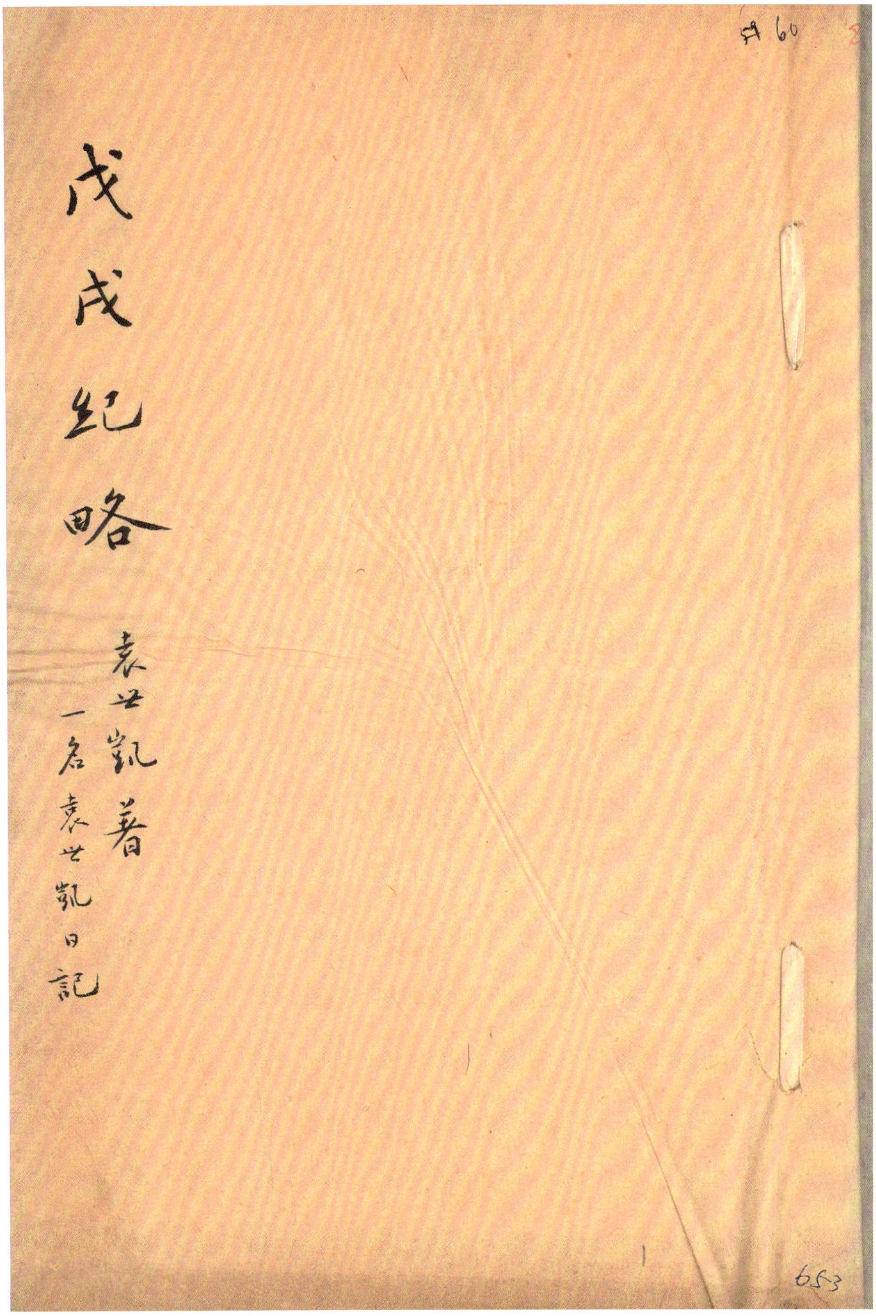

戊戌紀略　袁世凱撰　鈔本

袁世凱（一八五九—一九一六），字慰庭，別號容庵，河南項城人。

戊戌紀畧

光緒二十四年七月二十九日予
奉　召由天津乘第一次火車抵
京租寓法華寺
上駐蹕頤和園即託友人代辦安摺膳
牌定於八月朔請
安次日早起撿點衣冠各件先派人赴
海淀覓租寓所午後至裕盛軒遂

天日且亦正所以保全
皇上倘該黨等凶謀果逞必將難保
宗社更何以保全
皇上此亦必然之勢也為臣子者但
求心安理得此外非所計也自
書記後並交諸子密藏之以徵
事實而質異諸詞時在八廿五
日書於小站營次

張朝墉日記

原題《治園日記》《半園日記》《片園日記》《白翔日記》等。張朝墉撰。稿本。

張朝墉（一八六〇—一九四二），字伯翔，又字白翔、北牆，號半園，晚號半園老人，重慶奉節人。祖父張濟周爲嘉慶舉人，故幼承家教，善詩文，精書法，然久困場屋。清光緒十一年（一八八五）選拔貢，先後在蓬溪、宜賓、成都任教職。一八九〇年至一八九五年數次往返北京、奉節，參加順天鄉試，皆落榜。遂回鄉，輾轉於川省各地，先被成都厘關吳少禹聘入幕府，又在資、敘各府協助有司治水。一八九九年代理蓬溪教諭，其間數次參與府試閱卷。一九〇二年參與四川剿匪事宜，并任職於樂山學署。以剿匪有功，被『保選缺後由知縣儘先選用』。一九〇四年前往日本遊歷，入速成師範。次年，歷遊佛山、香港、上海、武漢等地。一九〇六年前往黑龍江，受邀入黑龍江將軍程德全幕府。一九〇八年，改任川漢鐵路駐京坐辦。次年程德全轉任奉天巡撫，張朝墉再次入幕，任奉天調查局統計科科長。一九一一年，辭去奉天職務，接受熊希齡之邀，奉命主持清理黑龍江全省墾務。

民國建元，張朝墉入宋小濂幕府。次年被任命爲黑龍江行政公署總務處科長，年底罷官回川，後居住在宜昌，任職於宜夔鐵路公司。一九一五年底受邀前往齊齊哈爾，任職黑龍江通志局，從事編修《黑龍江志》。一九一六年八月，因詩句『諾尼江頭魚鱉起，披沙掀泥攪江水』，被認爲暗諷黑龍江文人，受到當地鄉紳攻擊，被迫辭職南下。一九一七年一月，隨浙江省長齊耀珊前往杭州，受聘爲省長機要秘書。此後兩三年居杭州，同西泠印社諸友詩文唱和。一九二一年輾轉於杭州、漢口、北京等地，多次主持舉辦龍江話舊會、漫社詩會等文事活動。次年居北京，供職於內務部，兼任農商部參事，旋被解職。期間與漫社詩友宋小濂、成多禄、蕭北冰、周子幹、孫師鄭等往來密切。同年奉內務總長高淩霨部令，在內務部秘書處辦事，藉以謀生。在京期間，與王樹枏、韓麟春、吴光新等人有往來。一九二六年張作霖入京後，贊同奉系欲推戴張就任國家元首的主張。一九二七年經長春抵達哈爾濱，與張召業會面，被聘爲顧問，年底應吴俊陞之邀擔任黑龍江督軍公署顧問，次年卸去哈爾濱公署顧問。一九二九年受黑龍江省政府主席萬福麟所邀，前往卜奎（今齊齊哈爾）居住，任黑龍江省政府顧問兼圖書館纂修。期間曾前往北平遊覽名勝，與友人唱和詩文，對佛學興趣頗深。一九三一年『九一八事變』後，馬占山在卜奎就任黑龍江省政府代理主席兼軍事總指揮，時中日形勢緊張，人心惶惶，社會動蕩，公署事務因抗日逐漸繁忙，張朝墉時刻關注時局。一九三二年居齊齊哈爾，主持清明詩社，并於黑龍江省政府任閒職。時日本扶持溥儀建立僞滿洲國，黑龍江省政府投附僞滿政權。張朝墉因對僞滿政權不滿，於一九三四年春離開黑龍江，遷往北平。一九四二年五月病逝於北平，享年八十二歲。

張朝墉一生奔波，寄人籬下，參與幕府，以爲謀生之道。他的足迹遍布大半個中國，在黑龍江活動先後二十餘年，并在北京主持參加了大量詩文唱和的文化活動，是近代著名詩人。留下了大量詩作，彙爲《半園詩稿》刊行。現存日記稿本十四函，共計一百三十五册，時間始於光緒十五年（一八八九）四月，止於民國二十五年（一九三六）三月，前後連續達四十七年。早期日記均以懿文齋、寶文齋九行欄稿紙，每册封面或題『日新』，或『與時偕行』，或『日就月將』，皆自署，或請友朋題署，爲作者每册日記題名的有吴曾源、王昌熊、李在樞、楊錫霖、成多禄、雪樓（程德全）、宋小濂、尹昌齡、史錫永、齊耀珊、陳毅、徐鼐霖、曹經沅、王樹枏、朱慶瀾、馬忠駿、金兆豐、李宣倜、冒廣生、傅增湘，皆一時名流；日記首頁則題《治園日記》，或《半園日記》，或《片園日記》，署名『白帝僧手編』『瀼溪懶漁手編』『燕雲過客著』『蓮華峰秃道人著』等等。日記中對其幕僚生活、進京應試情形，以及朝野見聞、時政都有反映。如甲午戰爭時，記『日本與高麗爲難，屢次尋釁，是欺我國也』。又言『近日道路傳聞日本朝鮮之役要求無理，宸斷以爲一意用兵，是兵機已召也。然勝負本兵家之常，萬一初戰失利，似宜仍持定見，設敗而求合，後事不可勝言哉』（甲午六月十七人日）。以後見之明而言，此番評議可謂透徹，後來中日議和果然後患無窮。日記中對北洋時期軍閥混戰、民不聊生的景象也多有反映，他認爲曹錕、吴佩孚討伐徐樹錚是正確的，『較爲直』。他關心百姓疾苦，直皖兵之愈演愈烈，『感歎人民愈苦矣』。

日記中鮮明反映出張朝墉對書法和詩詞的傾心和熱愛。青壯年時日日臨摹顔真卿、王羲之等人書法，酷愛臨摹碑刻，如《道教碑》《雲麾將軍碑》等。還極爲推崇曾國藩的爲人治學，日記中常摘録曾國藩日記和文集。著詩頗豐，多爲遊覽名勝的詩詞，以及與好友來往唱和之作，大半見於《半園詩稿》。（杜麗紅）

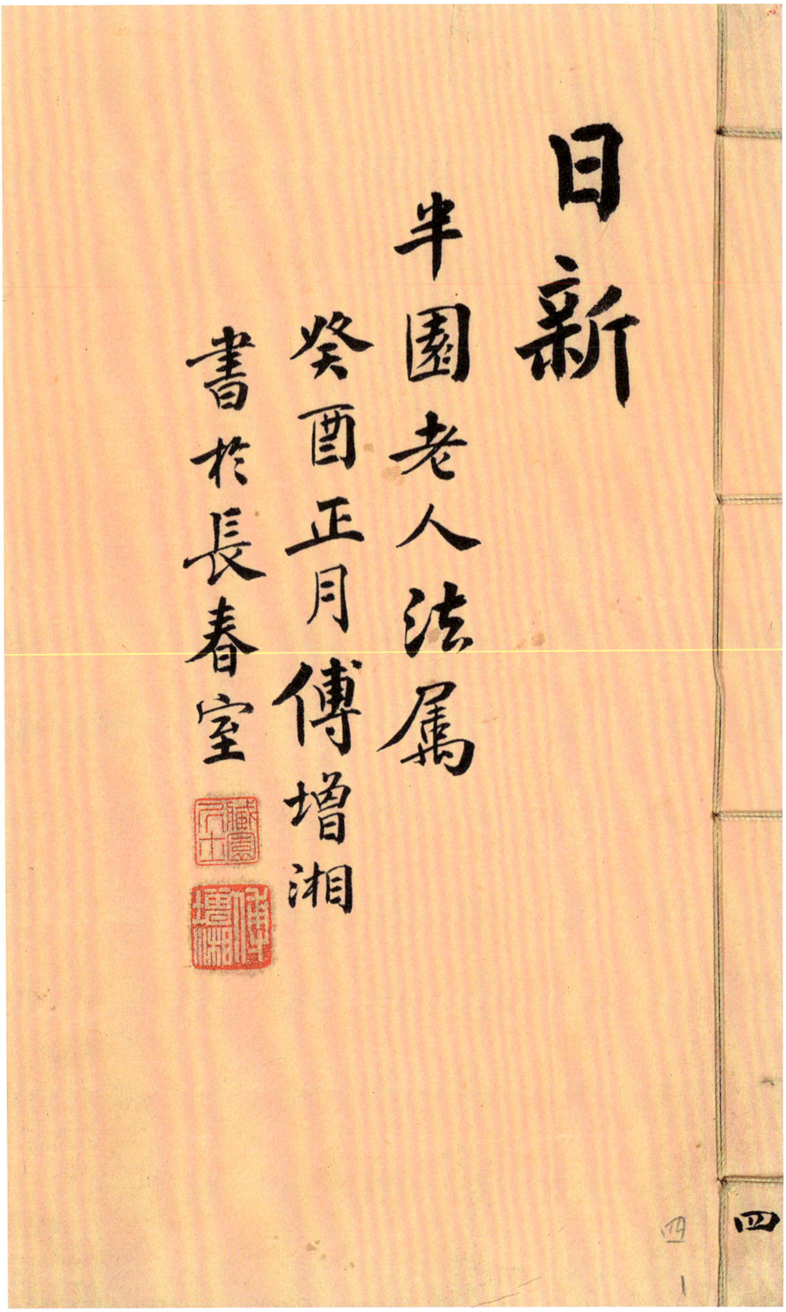

張朝墉日記　張朝墉撰　稿本

張朝墉（一八六〇—一九四二），字伯翔，又字白翔、北牆，號半園，晚號半園老人，重慶奉節人。

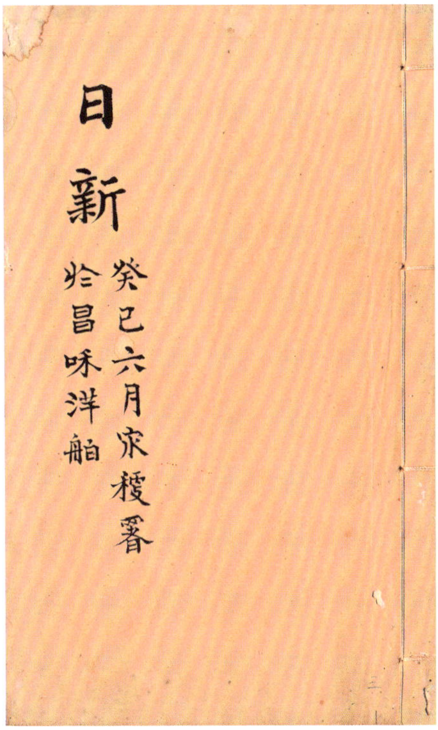
日新
癸巳六月宋梫署
於昌咊洋船

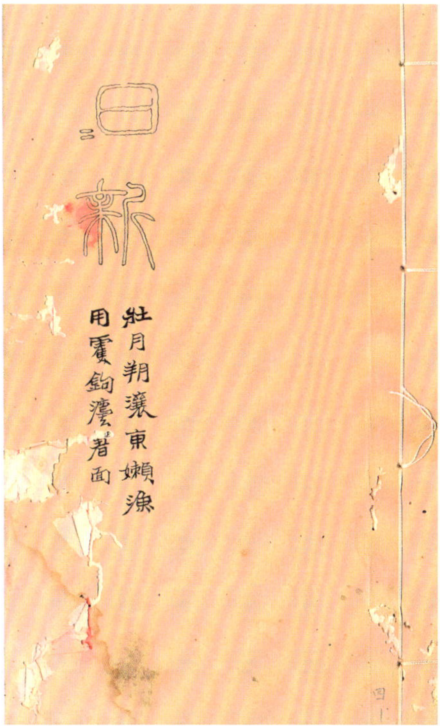
日新
壯月朔灤東嬾漁
用蠹鉤灋著面

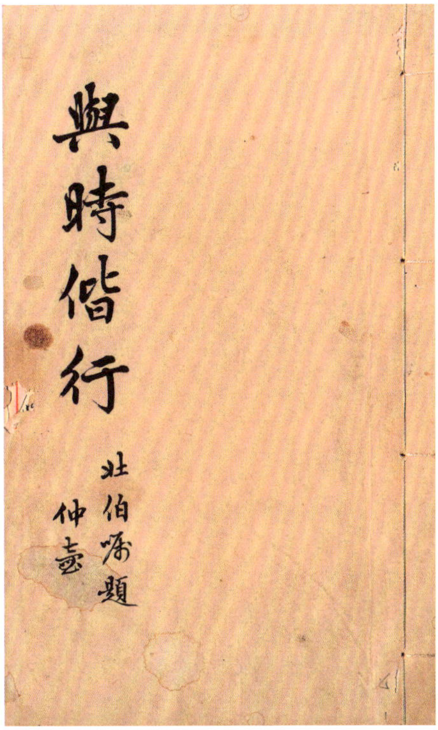
與時偕行
壯伯屬題
仲壺

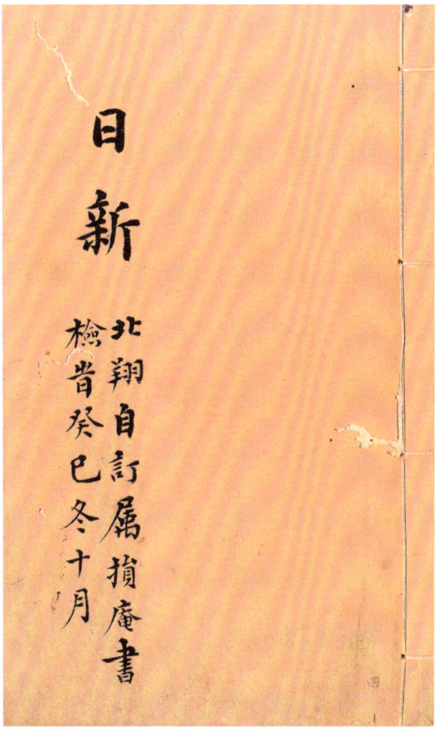
日新
北翔自訂屬揖庵書
檢旹癸巳冬十月

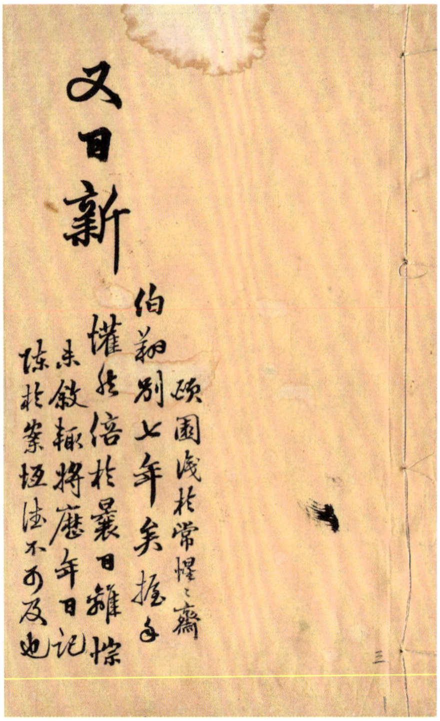
又日新
伯翔别七年矣握手
懽然倍於曩日

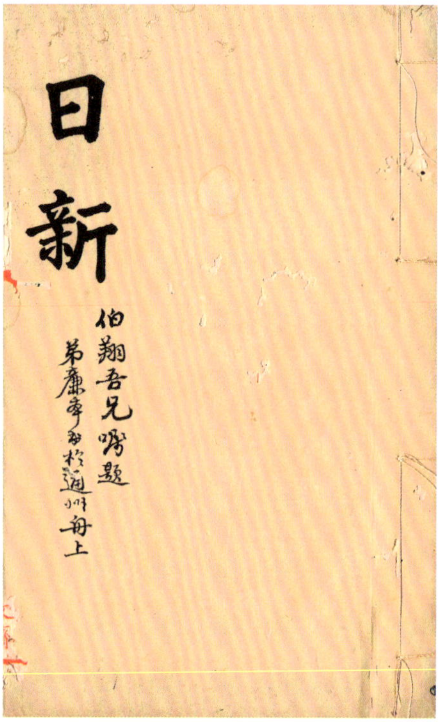
日新
伯翔吾兄囑題

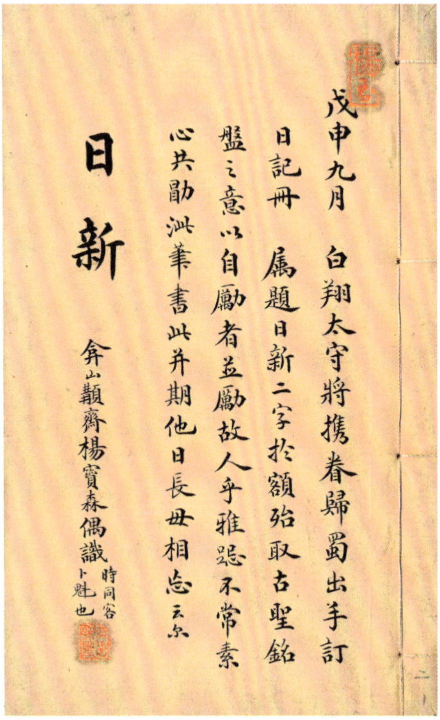
戊申九月 白翔太守將携眷歸蜀出手訂
日記冊 屬題日新二字於額殆取古聖銘
盤之意以自勵者並勵故人乎
心共勖泚筆書此并期他日長毋相忘云尔
日新
弇山顒齋楊寶森偶識 時同客卜魁也

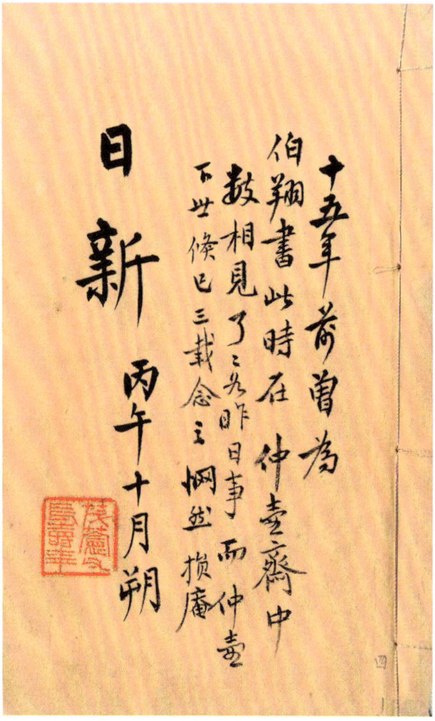
十五年前曾為
伯翔書此時在仲壺齋中
日新
丙午十月朔

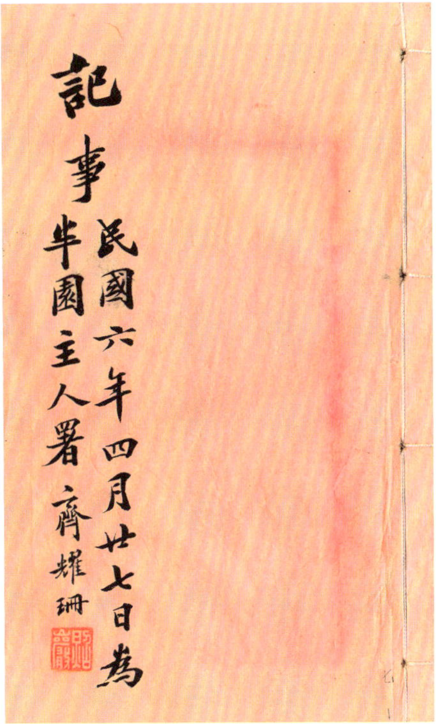
記事
民國六年四月廿七日為
半園主人署
齊耀珊

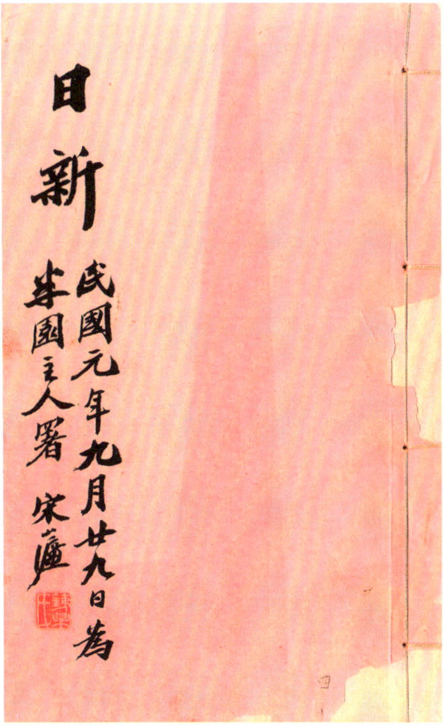
日新
民國元年九月廿九日為
半園主人署
宋廬

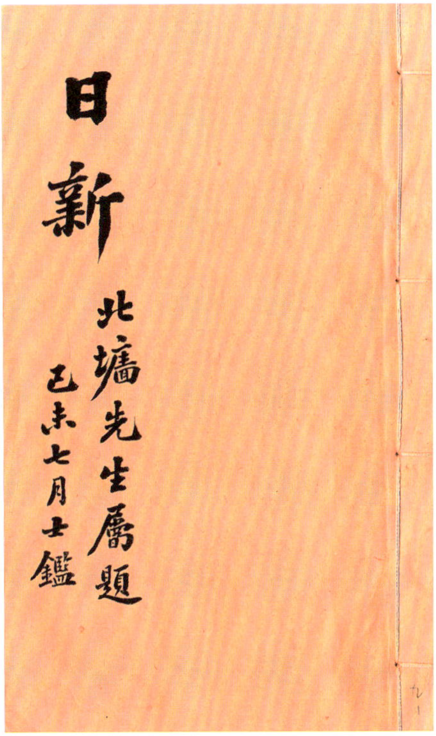
日新
北墉先生屬題
己未七月士鑑

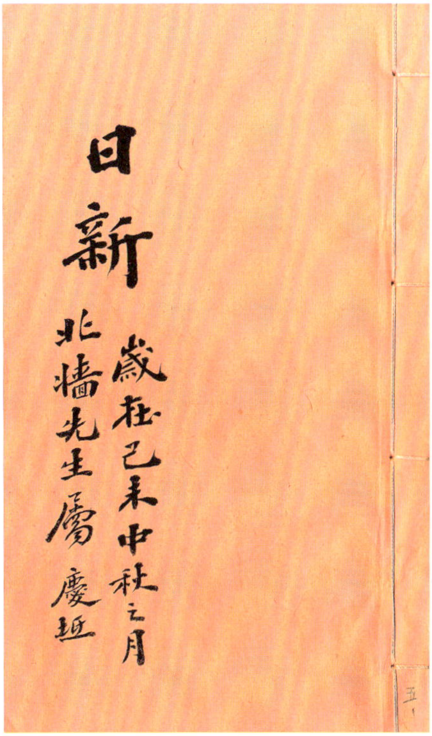
日新
歲在己未中秋之月
北墻先生屬
慶坻

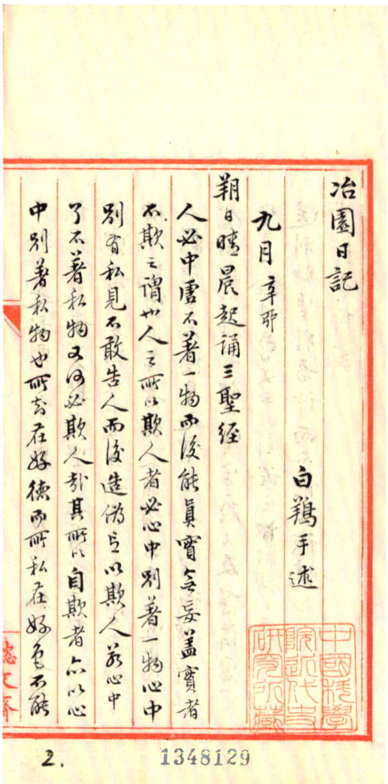
冶園日記
白鶴手述
九月 辛卯
朔日晴。晨起誦三聖經
人必中虛不著一物而後能真實無妄。蓋實者
不欺之謂也。人之所以欺人者，必心中別著一物，心中
別有私見不敢告人，而後造偽以欺人。若心中
了不著私物，又何必欺人哉？其所以自欺者，亦以心
中別著私物也。所當在好德，而所私在好色，不能

2.

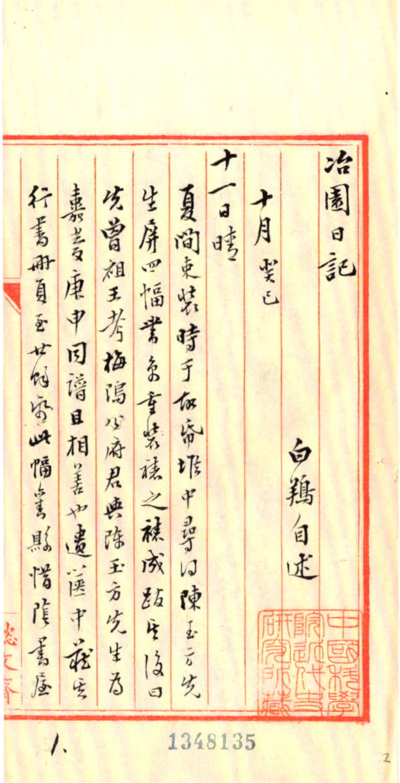
冶園日記
白鶴自述
十月 癸巳
十一日晴
夏間束裝時于故篋堆中尋得陳玉方先
生屏四幅，書多重裝褙之，祿成跋其後曰
先曾祖王考梅溪公府君與陳玉方先生為
嘉慶庚申同譜，且相善也。遺篋中藏其
行書兩頁至廿餘家，此幅書款惜僅書座

1.

2

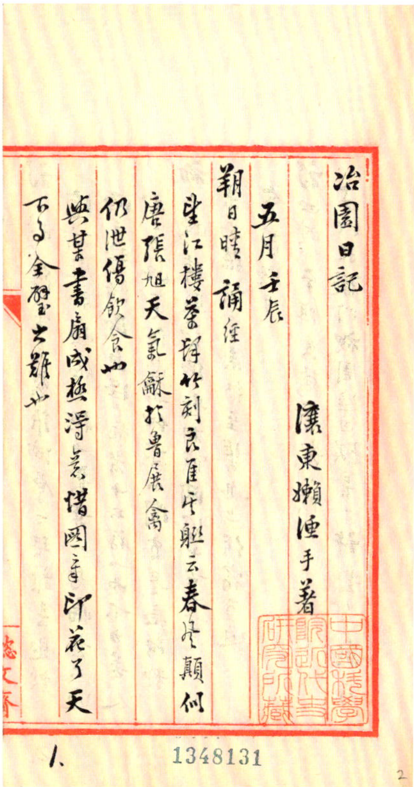
冶園日記
濮東嬾漁手著
五月 壬辰
朔日晴。誦經
坐江樓篆將竹刻良匪斤軀云春風顛何
唐張旭天氣觴於魯展禽
仍世傳飲食也
與其書扇成極滑矣，惜因手印花了天
下之全璧亡難也

1.

2

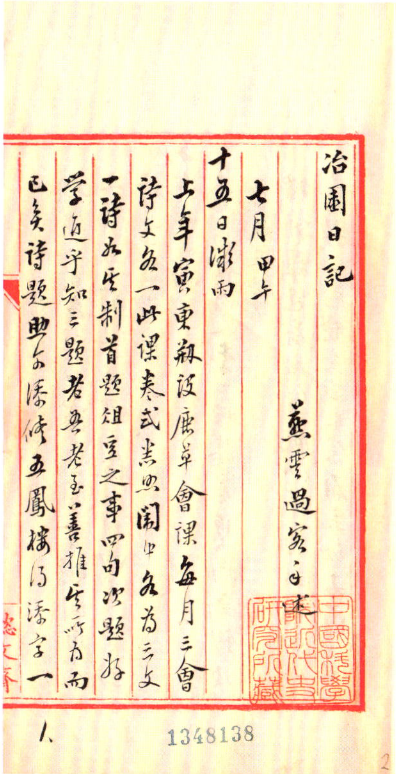
治園日記
燕雲過客手述
七月 甲午
十五日 微雨
上年寅東藏設廣單會課 每月三會
詩文各一 此課奏武〔?〕與闈中各為二文
一詩 如應制首題 俎豆之事 四句 次題 好
學近乎知 三題 老者安之 善推其所為而
已矣 詩題 賦得 漆傳五鳳樓 得漆字 一
1. 1348138

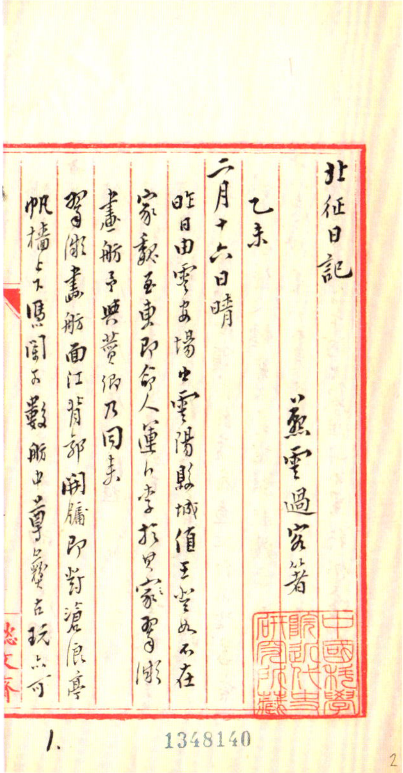
北征日記
燕雲過客著
乙未
二月十六日 晴
昨日由雲安場出雲陽縣城 值王雲如不在
家 疑至東即命人運行李於其家 雪微
畫舫予與黃伯乃同來
習微畫舫面江背郭 閑牖即對滄浪亭
帆檣上下 憑闌可數 舫中尊彝古玩亦可
1. 1348140

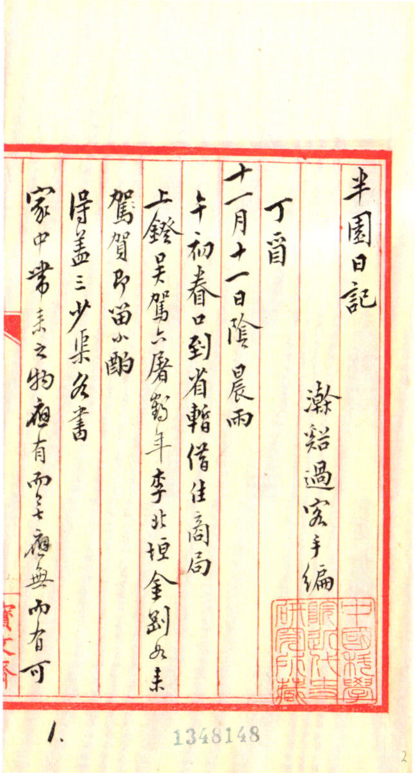
半園日記
瀟谿過客手編
丁酉
十一月十一日 陰 晨雨
午初春口到省 暫借住商局
上謁吴鶴六廣翁年 李北垣 金劉如來
駕賀 即留小酌
得盖三 少渠各書
家中常來之物 庖有雪七 庖無而有可
1. 1348148

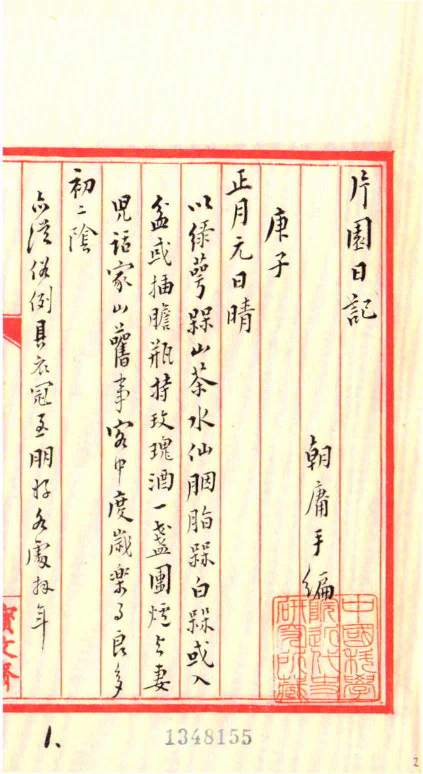
片園日記
朝庸手編
庚子
正月元日 晴
以綠萼梅 山茶 水仙 胭脂梅 白梅 或入
盆 或插膽瓶 持玫瑰酒一盞 圍爐與妻
兒話家山舊事 客中度歲 樂事良多
初二 陰
出從 倒具衣冠至朋好各處拜年
1. 1348155

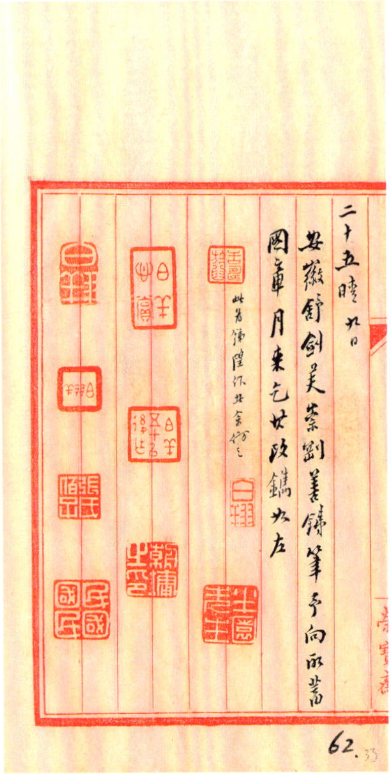

二十五晴 九日
安徽舒劍美崇劉姜鑄筆予向所蓄
圖章月來乞其改鐫如左
62.

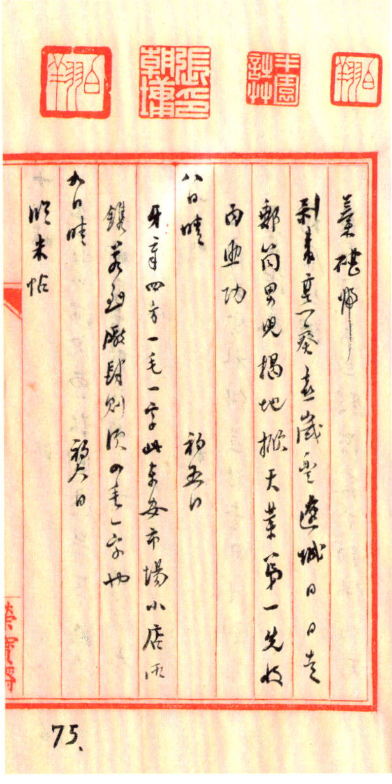

75.

此摹漢印

63.

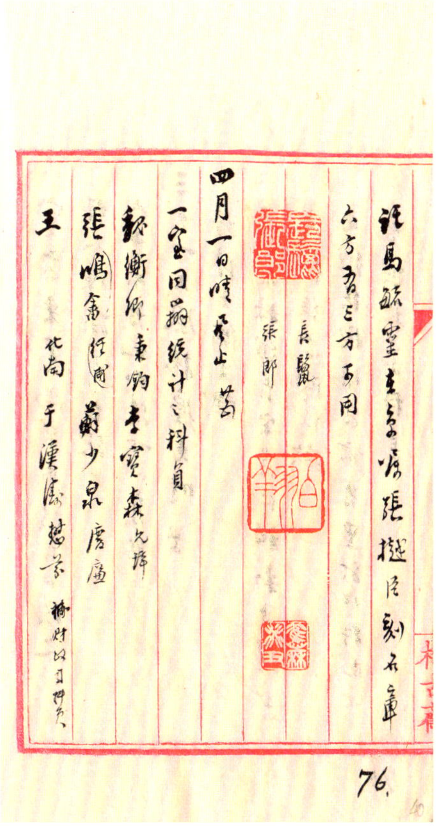
張馬縣靈主人囑張擬從刻名章

六方有三方不同

長鬛

張郎

四月一日晴不止 若

一室同翻絨計之料員

鄒衡卿 東鈞 李寶森允璋

張鳴侖經甫 蘇少泉 廣廬

王

作尚 于漢瀛 魏茶 稱財以日抄出

76.

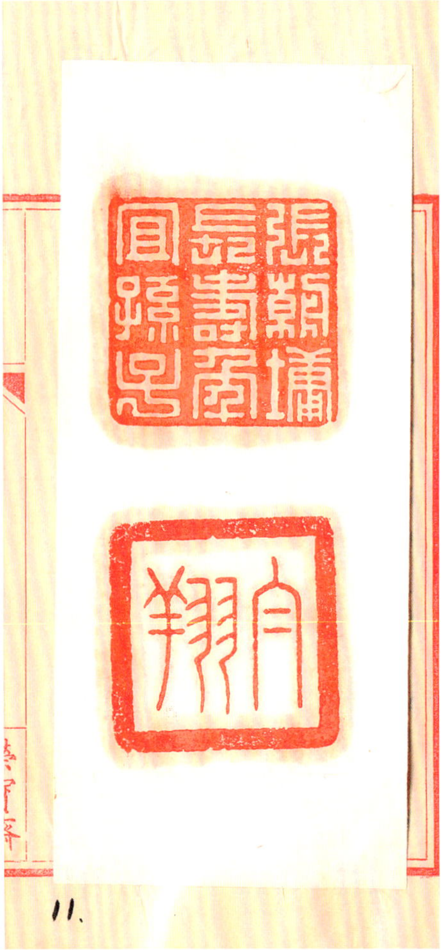
11、

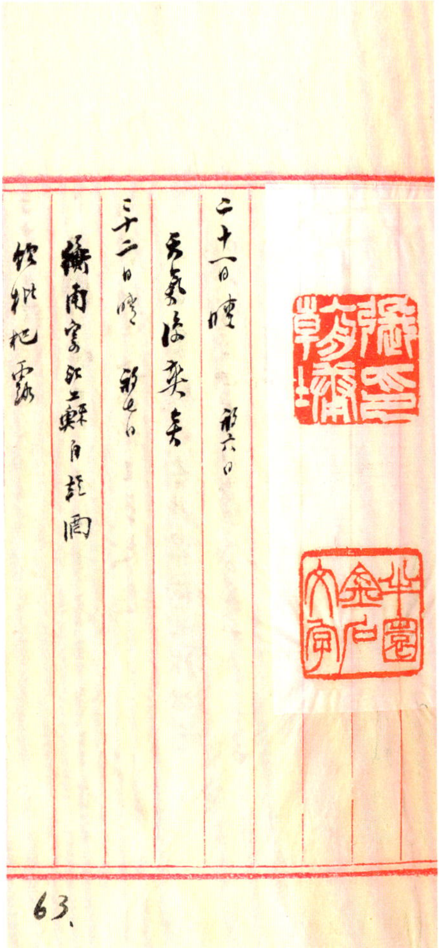
二十一日 晴
初六日
二十二日 晴
初七日
63、

以名字王且古印譜成帙

十二日 晴 廿八日

王叢軒謂石鼓乃籀文待攷

寫證心之字課龍沙

53.

馬似蘭与吳鐫者

十五日 晴 三日

微雨不寒陽春有信

21.

戊午三月十六日春雨猶
寒鐙下獨坐刻此以得
悲盦神均半園主
人屬茶陵譚師曾
伯翔先生
59.

附錢伯垌書畫如帖曾從部如之觀一見
方丈鄉李君生處假藏本
譚黑曇模贈

六日陰　廿六日

65.

二十三日晴　十四日
雲湯譚海蓴夫婦六十壽序　代鄭謠
古縣丁巳戊午間鄭福隱政黑龍江　自草
黃沙落葉千里自古匹食於斯寧觀此歡

81.

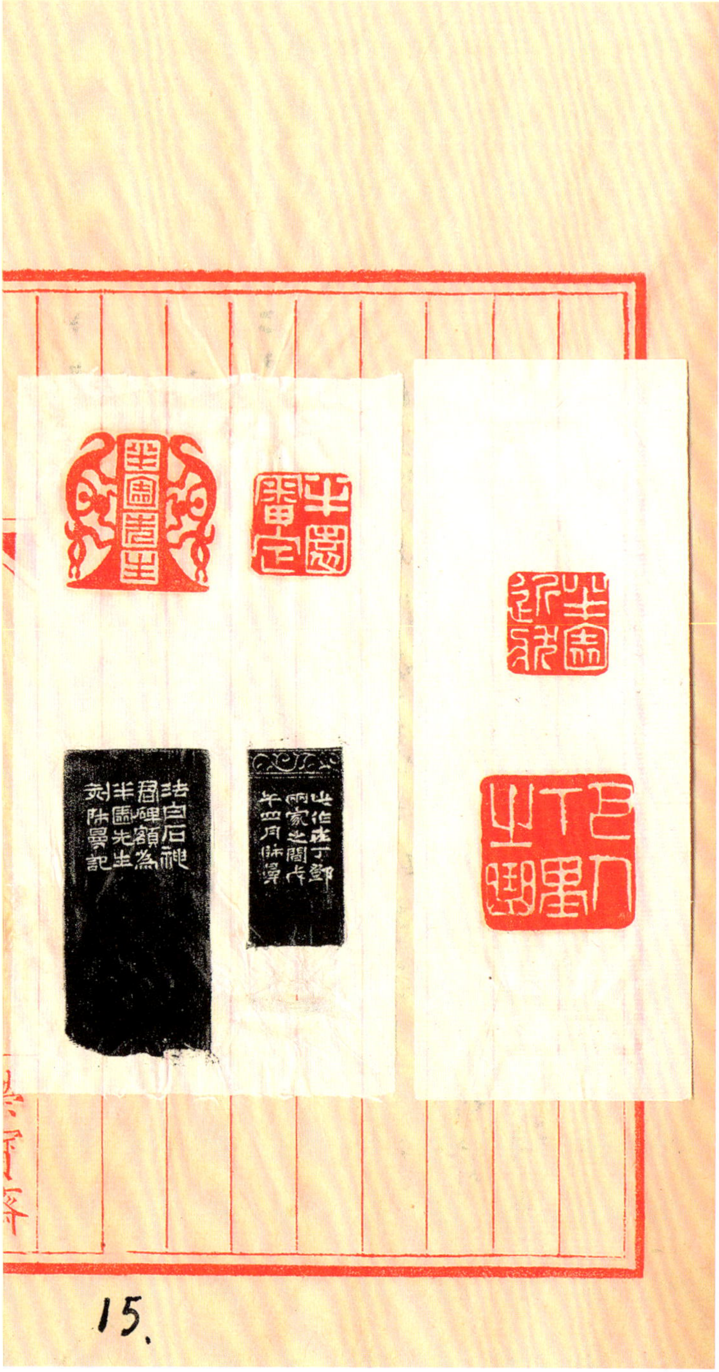
15.

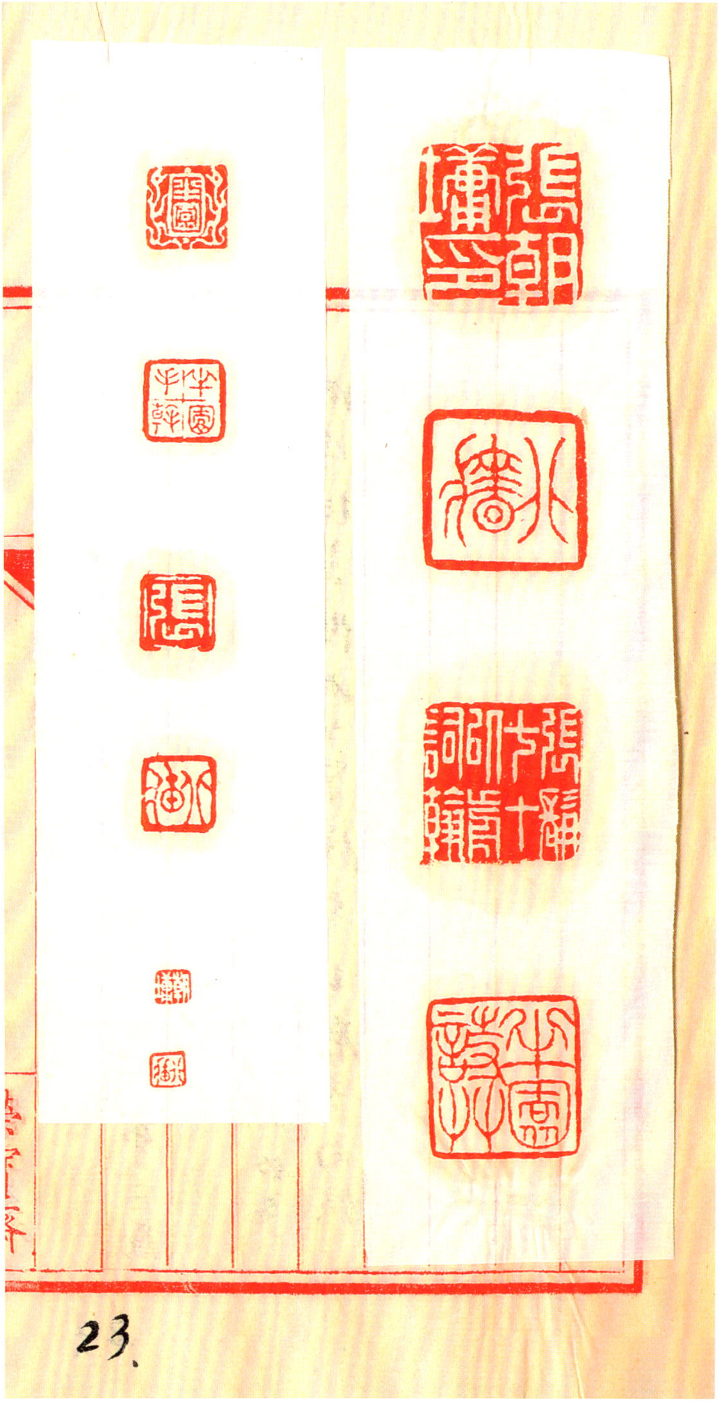
23.

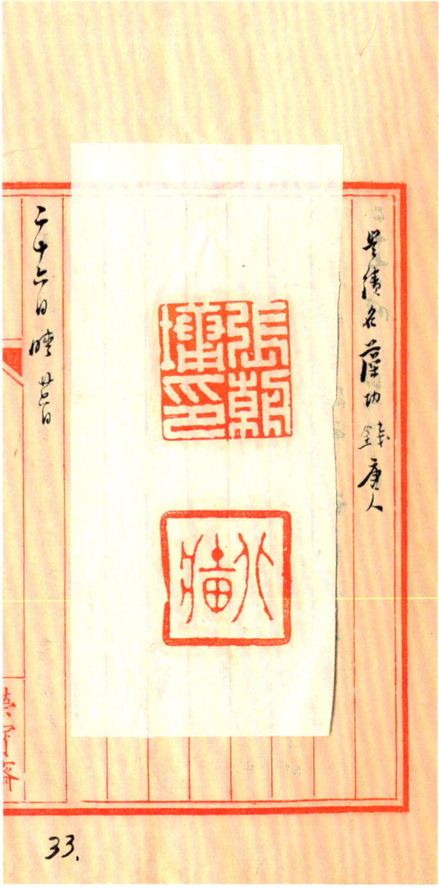
33.

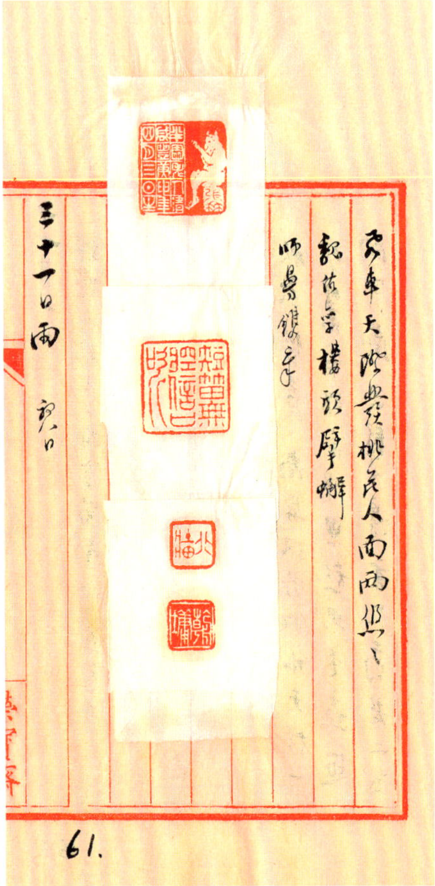
61.

43.

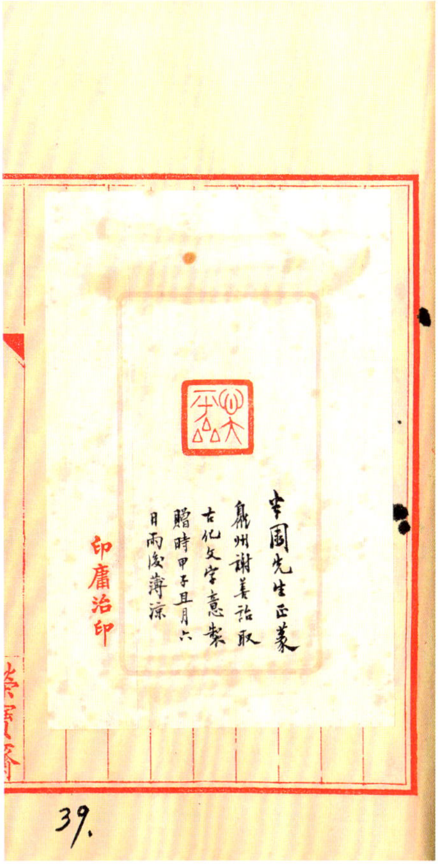
字園先生正篆
鼎州謝善詒取
古化文字意製
贈時甲子且月六
日雨後薄涼
印庸治印
39.

十九日晴　廿一日
京鐫去亭數方
此為姚元之鐫石亦高
56

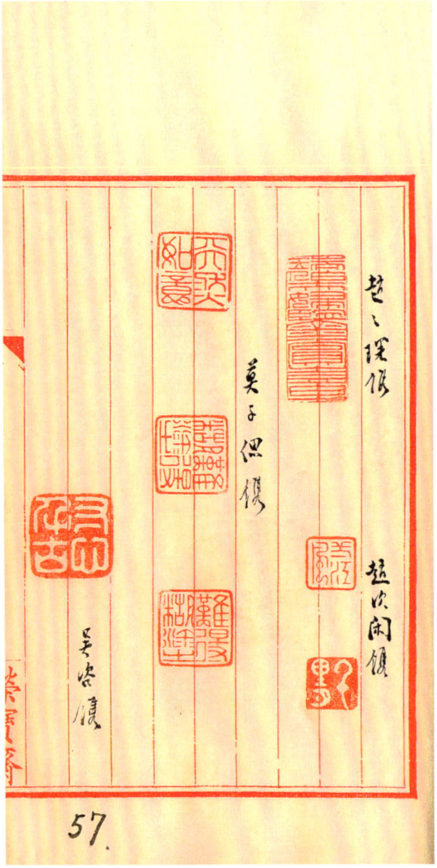
趙之琛鐫
莫子偲鐫
趙次閑鐫
吴咨鐫
57

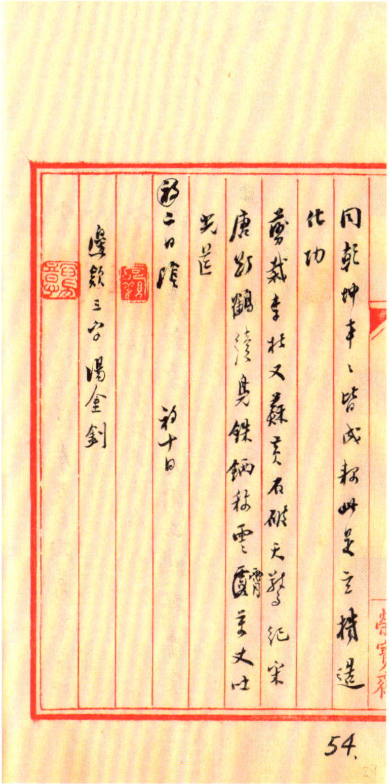
初十日
54.

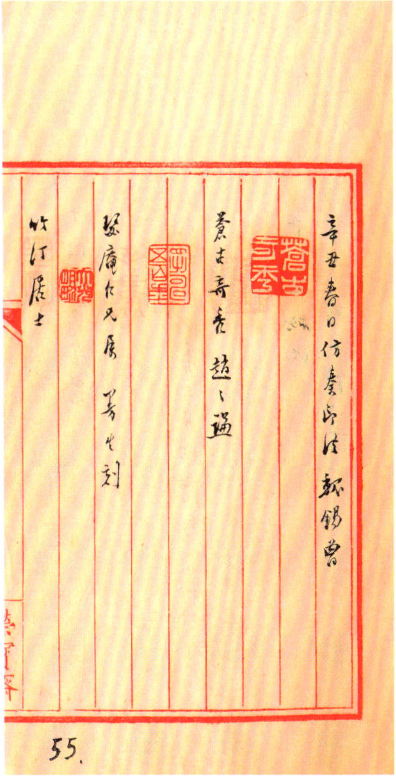
辛丑春日仿秦印法
趙之謙
55.

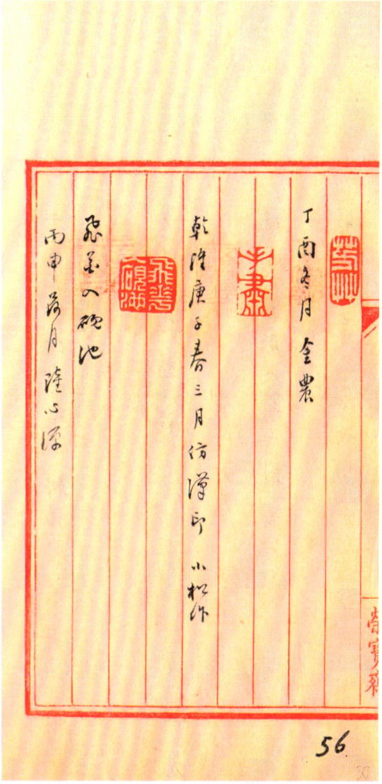
丁酉冬月
乾隆庚子春三月仿漢印 小松作
56.

沈鳳
73.

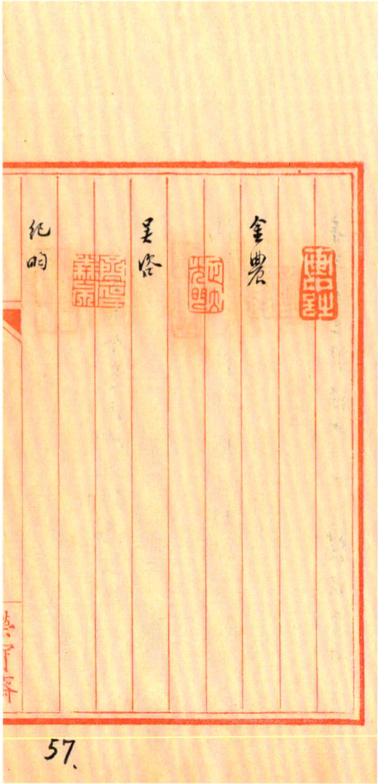
金農
吴咨
纪昀
崇實齋
57.

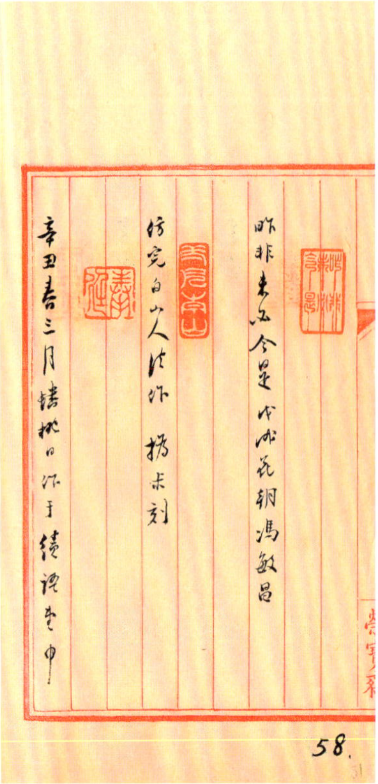
馮敏昌
仿完白山人法作
辛丑春三月
崇實齋
58.

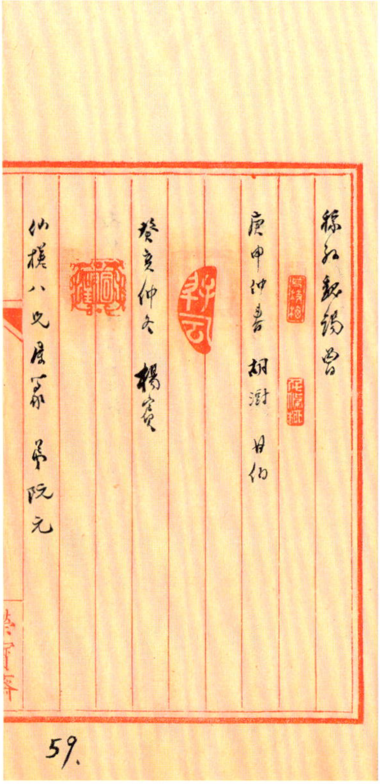
庚申仲春 胡澍 甘伯
仙模八兄屬篆 弟阮元
崇實齋
59.

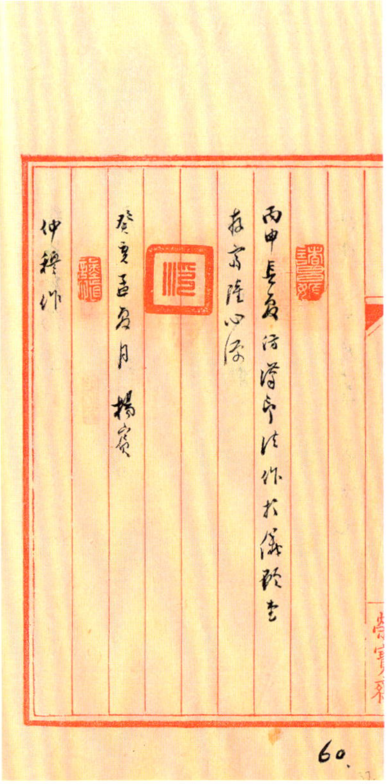
丙申長夏
陸心源
崇實齋
60.

辛丑春日仿秦印法 孫均作

雍正庚戌末月仿漢官印 蔣溥

道光乙未八月 趙之琛

61.

王澍

青郊平安 壬戌二月 倩王刻

以上二十六方選存已屢易字一方上竹青

靜父仁兄大 鑒 又一方另託 鄧 頌 賡 畀

62.

慕雅來披衣燒短燭自道仙緣

非凡從紀夢詩成還未成排被

那將好夢續

二十五日晴 初十日

石左方張敦二字

右方莫友芝款

嘉慶七年姚元之作

兩方饒文

72.

簌簌雪澳

浦中夜泊

夜船將泊樓數聲芳

柳黃黃野徑迷出岩

鈴擬無須更家高

枝上微風撩 壽生

二方另板橋此款

上有大方玄五畫排浦中夜泊是

松蓋凍凝誰將燈浦口入深夜泊

73.

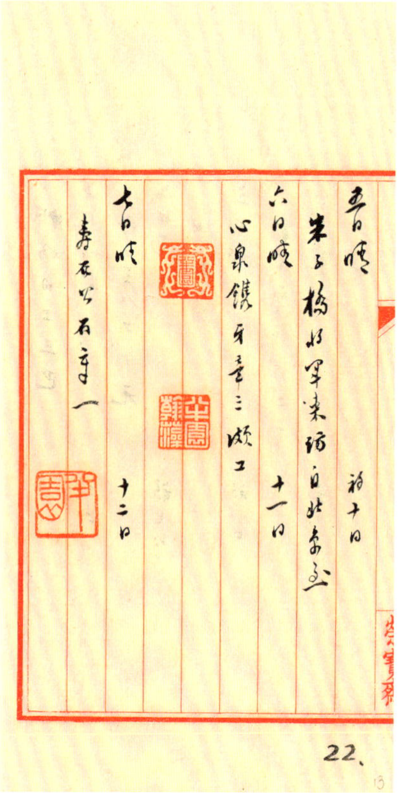
22.

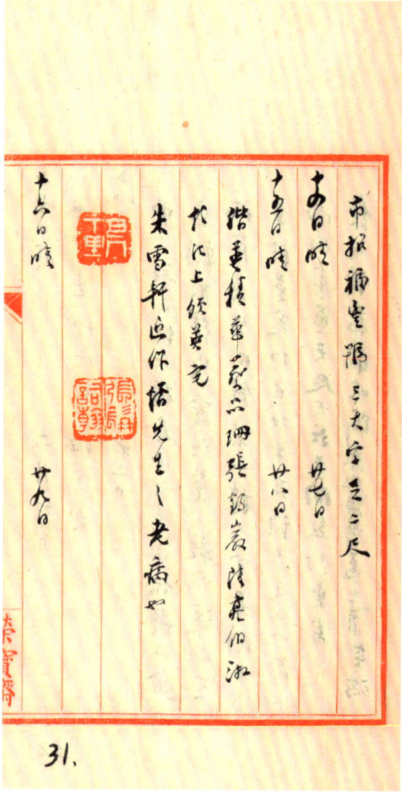
31.

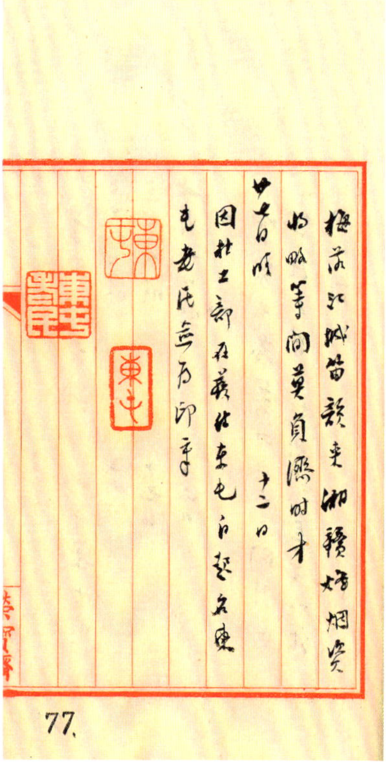
77.

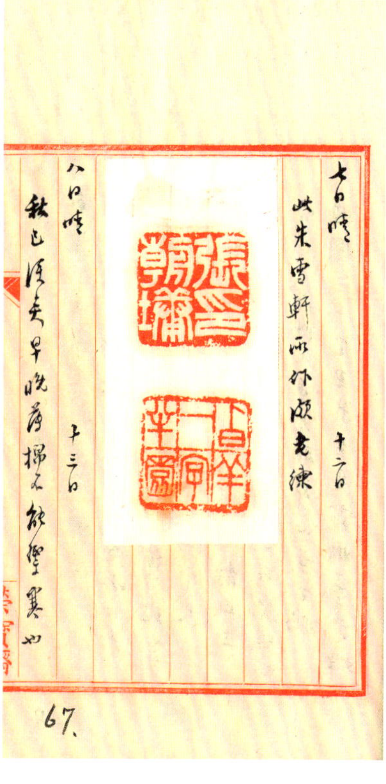
67.

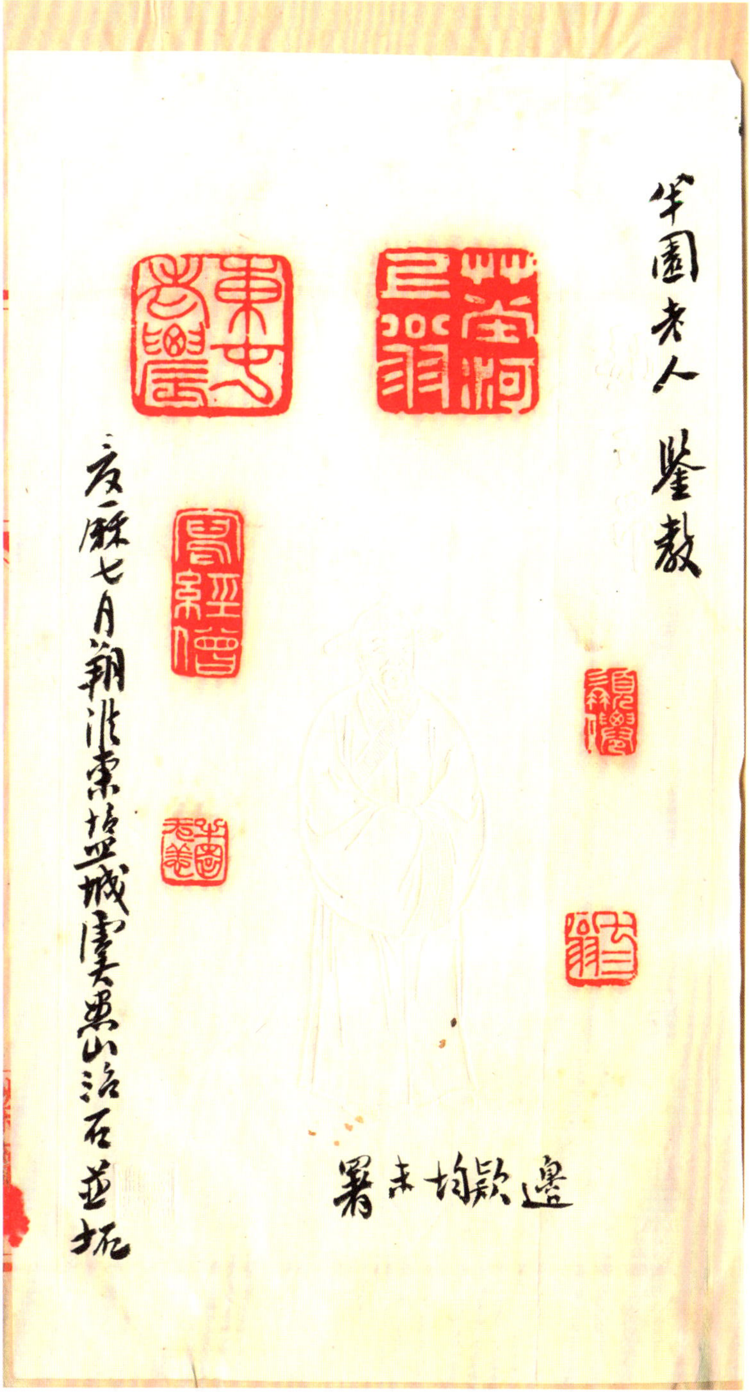
半園老人 鑒教
邊款均未署

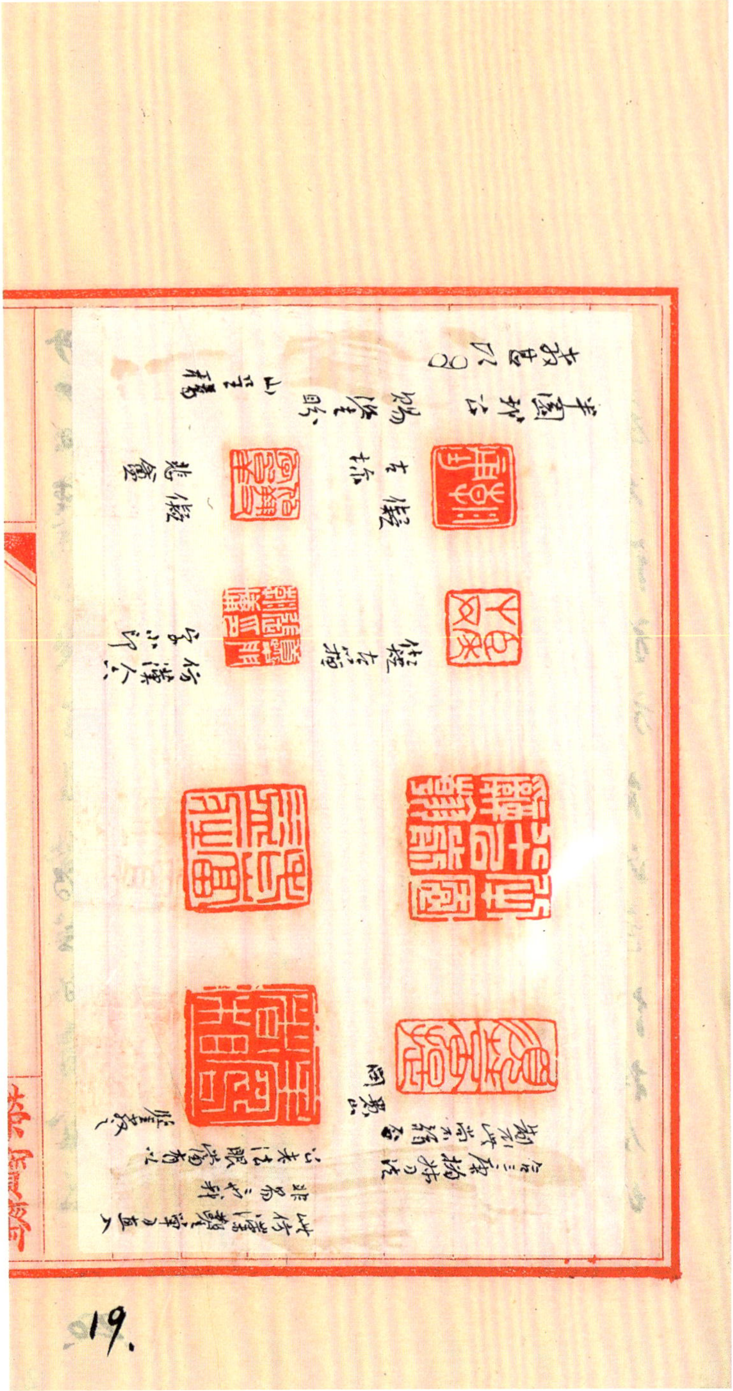
19.

庚子日記

華學瀾撰。稿本。

華學瀾（一八六〇—一九〇六），字瑞安，天津人。清光緒十一年（一八八五）乙酉科舉人，次年中進士，改庶吉士，授編修。他精研算學，工行書，長期協助族叔華金壽辦理書啓文字，與直隸籍同鄉京官往還密切。二十六年（一九〇〇）義和團運動興起，八國聯軍入侵津京，華學瀾正在翰林院供職，未能逃離京城，得以身歷其境，目睹京城慘遭蹂躪之情景。二十七年（一九〇一）奉旨充貴州鄉試副考官，前往貴州主試；次年會試，又充同考官，不久任進士館教授、提調。三十二年（一九〇六）病逝。

該日記稿本，二册，係陶孟和先生所贈，紅格本。第一册起庚子（一九〇〇）四月十七日，迄於八月三十日；第二册起閏八月初一日，迄十二月三十日。記録了京官動亂中的生活，所記當時北京情况，多爲親見親聞，京外情况多係依據親友通信和傳聞。書中記宗室壽富（字伯茀）在京城陷落後，將父親寶竹坡遺稿奏議等交付華學瀾，舉家自盡殉難，并留詩明志；又記李鴻章北上議和抵京前惲毓鼎、黄思永等京官與洋人接洽的過程；張之洞、袁世凱等爲直隸京官籌措津貼救濟諸事。該日記曾先後收入《中國近代史資料叢刊·義和團》（神州國光社版）和《庚子記事》（中華書局版）兩書中，因爲屬於專題資料，故對内容做過删節，所删多爲生活細節和見諸已刊文獻中的上諭、奏摺（爲避免重複）等内容。就個人日記的完整性而言，這樣的删節顯然是有缺憾的。

華學瀾《辛丑日記》稿本也由陶孟和所藏，一九三六年由商務印書館出版整理本，時間起於辛丑（一九〇一）正月元旦，止於是年十二月初十日，陶孟和爲之寫序。另有《己亥日記》稿本，現藏天津圖書館，題名《華瑞安日記》，已經收入《天津圖書館藏善本叢書》中，該日記起於己亥（一八九九）三月初一，止於庚子（一九〇〇）四月十六日，恰與近代史所藏稿本《庚子日記》相續接。（茹静）

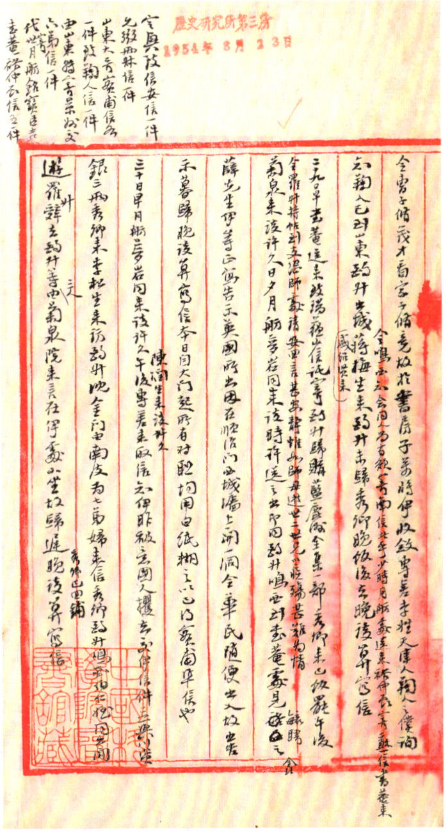

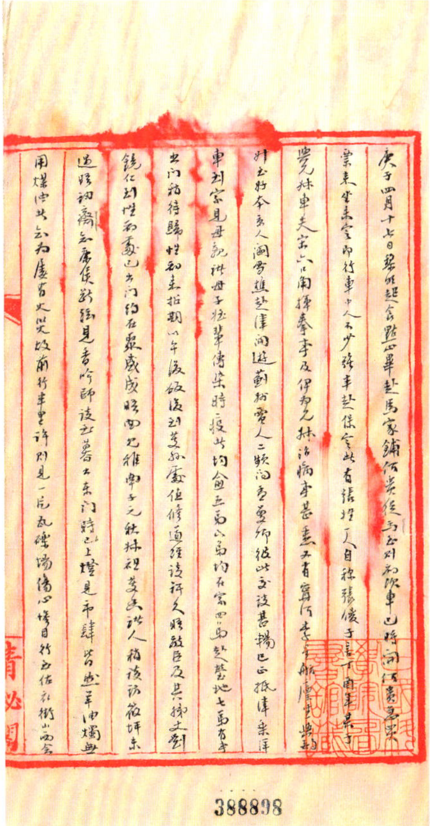

庚子日記　華學瀾撰　稿本

華學瀾（一八六〇—一九〇六），字瑞安，天津人。

華世奎日記

華世奎撰。稿本。

華世奎（一八六七—一九四二），字璧臣，天津人，祖籍江蘇無錫。父華承彦，字屏周，未入仕途，然課子弟讀書甚嚴。世奎受業於楊光儀等名士，勤學不息，學行漸成，清光緒十一年（一八八五）考取乙酉科優貢，以教職用。十九年（一八九三）應癸巳恩科鄉試中式，不久，報捐内閣中書。二十八年（一九〇二），由榮禄等保舉，充任軍機章京。後又任會議政務處幫提調、總辦考察政治館行走；丙午（一九〇六）六月，任領班軍機章京（滿語稱『達拉密』）；次年初，賞加三品銜。清宣統三年（一九一一），清廷内閣改制，華世奎由軍機處領班上行走擢升爲内閣閣丞。武昌起義爆發，袁世凱出任内閣總理大臣，據云清帝退位詔書即出自華世奎之手。民國後拒入仕途，僅以津府士紳之身份關注國事民生，直皖戰争時期曾入京晉謁總統力陳津埠受灾情况，同時商討辦理灾賑辦法；一九二七年北伐時期，與嚴修等人發電致日本朝野，表明反對日本出兵山東的立場。華世奎在津與嚴修、趙元禮等人組織崇化學會，講求國學，提携後進。華世奎忠於清室，以遺老自居，但拒接追隨溥儀赴東北附逆，保持了民族氣節。華世奎擅書法，以顔體享盛名，又喜作詩，後人編有《思闇詩集》。

該日記稿本一册，封面題『丙午六月起至丁未九月』，近代史研究所圖書館著録爲《佚名日記》，兹從各項内容判斷該日記作者應是華世奎。日記用『松華齋』稿紙，起於光緒三十二年丙午（一九〇六）六月，止於三十三年丁未（一九〇七）九月，時華世奎正以軍機章京入值内廷，所記皆每日辦摺、擬稿等公務活動；又記丁未年九月初二日到憲政編查館議開設官報局事，多次記赴銀行領取包括堂官、各班章京及供事在内的津貼銀、俸銀和養廉銀情形，以及丙午年官制改革期間參與軍機處設缺之議。但總體上記事簡略，絶少針砭時局之語。日記對每日訪友、赴約、聚會、收信、復信及拜壽、吊喪等日常生活瑣事均有記録，與其他京官日記相似，可對研究晚清京城社會和生活提供有益的資料補充。（崔健）

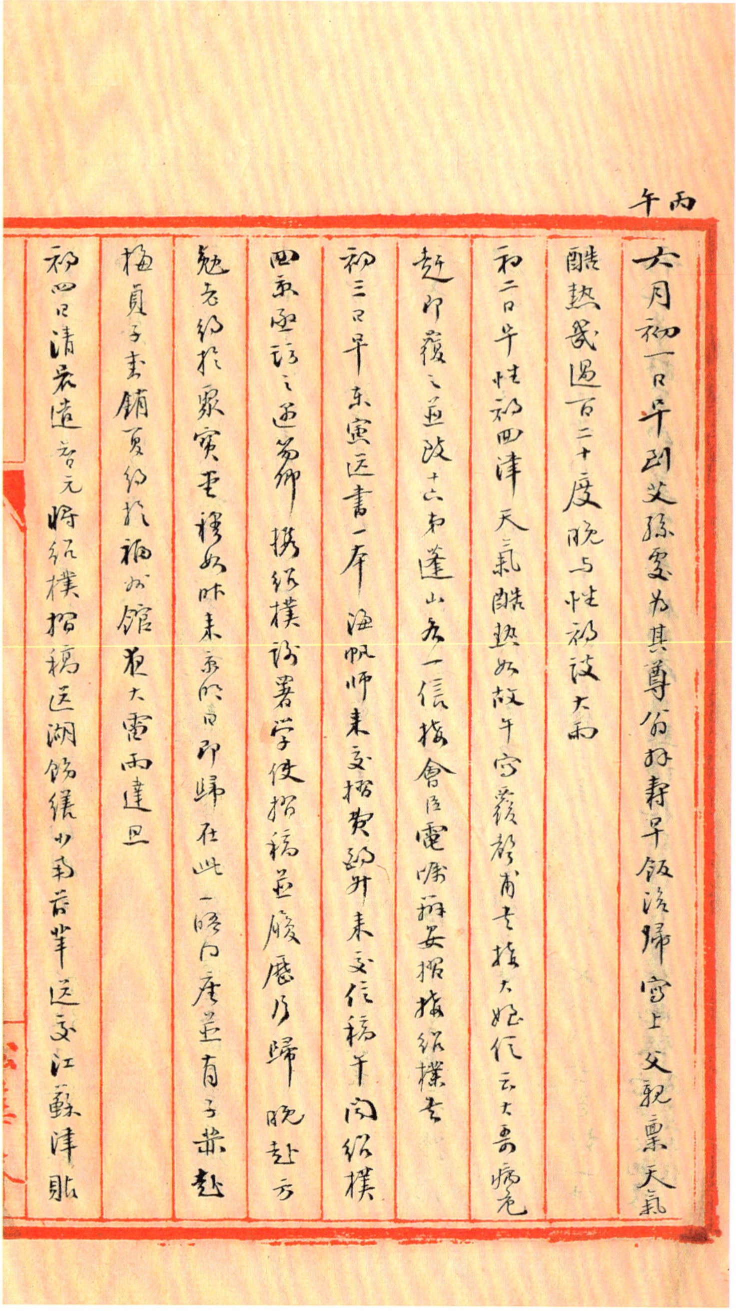

華世奎日記　華世奎撰　稿本

華世奎（一八六七—一九四二），字璧臣，天津人，祖籍江蘇無錫。

庚戌日記

曹秉章撰。稿本。

曹秉章（一八六四—一九三七），字理齋，號杜庵，諸生出身，浙江嘉善人，早年爲浙江防軍支應善後局文案。與同鄉錢能訓『誼屬舊姻，少年角逐文場，契好彌篤』，二人皆爲清季重臣徐世昌所器重。庚子後曹秉章以小京官充練兵處文案；清光緒三十三年（一九〇七），徐世昌補東三省總督，曹秉章赴奉天，充東三省督署文案，兼督練處督辦隨員。入民國，仍追隨徐世昌。民國三年（一九一四）五月，設立政事堂，徐世昌任國務卿，曹秉章任政事堂機要局僉事，司理札務，并兼禮制館提調。民國七年（一九一八）十月，任印鑄局局長。直奉戰争結束後，徐世昌下野，退隱天津；不久，曹秉章也被免去印鑄局局長，改任國務院參議。時徐世昌張羅舊部，從事藝文，設局編纂《晚晴簃詩彙》《清儒學案》等書，曹秉章應邀爲《清儒學案》總務，定期在其京寓討論各項事宜，并寫信向徐世昌稟商。晚歲中風多病，生活頗爲艱苦，仍依徐氏酬薪爲生。

該稿本爲曹秉章宣統二年庚戌（一九一〇）正月元旦至本年八月二十九日所記日記，共兩册，封面分别題『庚戌日記第一册』『庚戌日記第二册』，正文用白底紅格稿紙。第一册首頁還附題『嘉善曹理齋秉章手書遺稿日記二册，購藏廖居』，并鈐『俞士鎮印』，説明該稿本曾爲俞士鎮收藏。日記内容涉及每日陰晴冷暖、公務家事、友朋往還、讀書鑒賞及其他日常瑣事。從日記看，每隔兩三日，他就要至鞠相（即徐世昌，字菊人）宅拜訪，商討擬稿諸事，如修改軍政篇、陸軍鎮協各篇、測量隊調查偵探各篇等練兵文獻。四月，時任郵傳部尚書兼督辦津浦鐵路大臣的徐世昌奉旨赴山東勘驗黄河橋工，曹也奉命隨行前往，十二日即赴『交通銀行談兑銀赴濟南事』。日記中詳細記録了前往濟南沿途見聞，回京料理奏報文牘的情况。日記中有不少讀書摘録的内容，所讀之書以傳統文史雜記爲主，也有相關的立憲類書目。又記載爲徐世昌等人代撰壽聯、挽聯、匾額等事；對親故的請托，很多時候深感無能爲力，慨歎『自謀之不臧，又何能挈引人耶』？因囊中羞澀，『思請一飯亦覺甚費』，反映了小京官的窘迫境况，從側面描繪出光宣之際『以文爲活』的小京官群體的生活狀態。

曹秉章存世著作不多，他和曹葆宸合編的《曹氏悖敘録》有民國二十二年（一九三三）刻本。在編纂《清儒學案》時他與徐世昌的往來信件業已被整理爲《〈清儒學案〉曹氏書札整理》一書（中國社會科學出版社二〇一六年版），約略可見曹氏的學術思想和見解。（崔健）

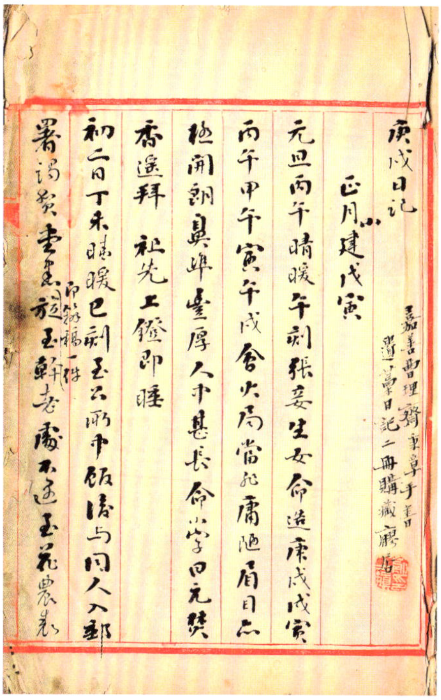
庚戌日記

正月小建戊寅

嘉善曹理齋秉章手書遵堂日記二冊購藏

元旦丙午晴暖午刻張妾生女命造庚戌戊寅

丙午甲午寅午戌會火局當於庸陋眉目亦

極開朗真準豐厚人中甚長命小字曰元英

香遥拜 祀先上鐙即睡

初二日丁未晴暖巳刻至公所中飯後與同人入郡

署謁賀

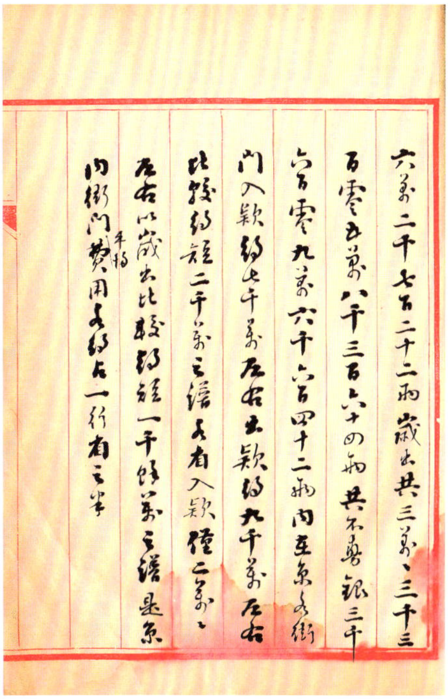
六萬二千七百二十二兩歲出共三萬〻三千三

百零五萬八千三百六十四兩共不敷銀三千

六百零九萬六千六百四十二兩內至京各衙

門入款約七千萬左右出款約九千萬左右

比較約短二千萬之譜又有入款僅二萬〻

左右比歲出比較約短一千餘萬之譜是京

內衙門費用支絀占一行有之半

庚戌日記　曹秉章撰　稿本

曹秉章（一八六四—一九三七），字理齋，號杜庵，諸生出身，浙江嘉善人。

艮庵日記

楊宗稷撰。稿本。

楊宗稷（一八六四—一九三一），字時百，也作詩百，號九嶷山人，湖南永州寧遠人。本複姓歐陽，因分家遷徙，後改姓楊。清末貢生，近代著名的古琴家。年輕時在長沙讀書并學習古琴，受知於長沙籍官員張百熙。庚子事變後，張百熙調任工部尚書，先期自西安回京，料理兩宫回鑾諸事，并管理京師大學堂事務，遂招楊宗稷隨行襄助文案。清光緒三十年（一九〇四）楊氏以學部候補主事，任大學堂幫辦，參與財務管理；又在鐵匠胡同總理學務處，協助辦理公務。三十二年（一九〇六），張百熙調任郵傳部尚書，又調郵傳部候補主事。次年春，張百熙病逝，宗稷遂無意於仕途，寄情琴學，拜京城著名琴師黄勉之爲師，繼承廣陵琴派風格，并加以光大。民國初年雖一度任交通部僉事和地方知縣等職，但很快棄職，賦詩『舊業已隨流水去，此生端爲雅琴來』，傾心以琴學傳承和教育爲己任。一九一五年，在北京宣外丞相胡同四十三號家中開設『九嶷琴社』，以故鄉九嶷山爲琴社之名，廣招弟子，傳播琴藝；并參加和舉辦各種古琴雅集。

一九二二年，受北京大學聘請前往教授古琴。半年後受閻錫山之邀，前往太原山西育才館教授琴學。回京後潛心著述，著有《琴學叢書》四十三卷，弟子有楊繼元（字乾齋）、管平湖、彭祉卿、李伯仁等。著名琴學專家查阜西稱：『三十年來，時百琴藝曾獨步燕都，又復集成巨著，琴弟子滿天下，琴壇已許爲一代宗師。』

該日記稿本二册，首册封面題『艮庵日記二册』，又題『楊鴻烈藏』，鈐有收藏者『楊鴻烈』印，時間起於辛丑（一九〇一）五月初四日，止於同年十一月三十日，正文有不少塗抹修改痕迹；第二册，無封面，内容有殘破處，日記正文包括甲辰（一九〇四）正月二十九日、三十日、二月望日，以及七月初一日至次年乙巳（一九〇五）九月二十二日的日記，最後數日偶有漏記情况。據日記，辛丑五月初四日楊宗稷隨同張百熙從西安出發，經臨潼、渭南、洛陽、趙州、獲鹿，於五月二十八日抵達定州，乘火車，二十九日抵京。日記記載了遭受八國聯軍蹂躪後京城的殘破景象，提及英兵盗竊太廟中玉册之事，以及鄉人敘述上年拳亂期間的種種見聞；又記録了八月初五日洋兵於午門内舉行向清朝官員交付大内儀式；十一月二十三日（公曆新年元旦），外務部、六部、都察院八衙門向外國賀年；又目睹二十九日兩宫從正陽門入城的過程。同時，記載了張百熙回京後的活動。

第二册日記主要記録了楊宗稷在大學堂、學部任職時的活動，記述了與王書衡、紹英、朱啓鈐、陳毅等同僚的交往。時大學堂用款以存華俄道勝銀行銀息爲主，楊宗稷綜理財務，與該銀行和其他錢莊多有往還，并負責接待各地來京解送大學堂津貼銀兩的官員，這些對研究京師大學堂財務情况頗有參考價值。日記中還提及壬寅年大學堂曾在盧溝橋東北數里購地一千二百畝，以爲建造大學堂之用，并聘請外國工程師繪圖，終因管學大臣榮慶『以其地與鐵路相近，恐學生中有叛黨，將來緝捕時易於逃逸，遂廢其地不用』。此類逸聞并不見於其他史料。此外，首册日記前還附有瞿鴻禨、徐琪、夏時濟、宋育仁、皮孝廉等人信函的鈔件，以及張佩綸謝摺、易實甫湘岸鹽務情形節略等文字，似係撰者做張百熙幕僚時鈔録的，收信人應爲張百熙。總之，該日記是研究張百熙和京師大學堂、學部的珍貴資料。（馬忠文）

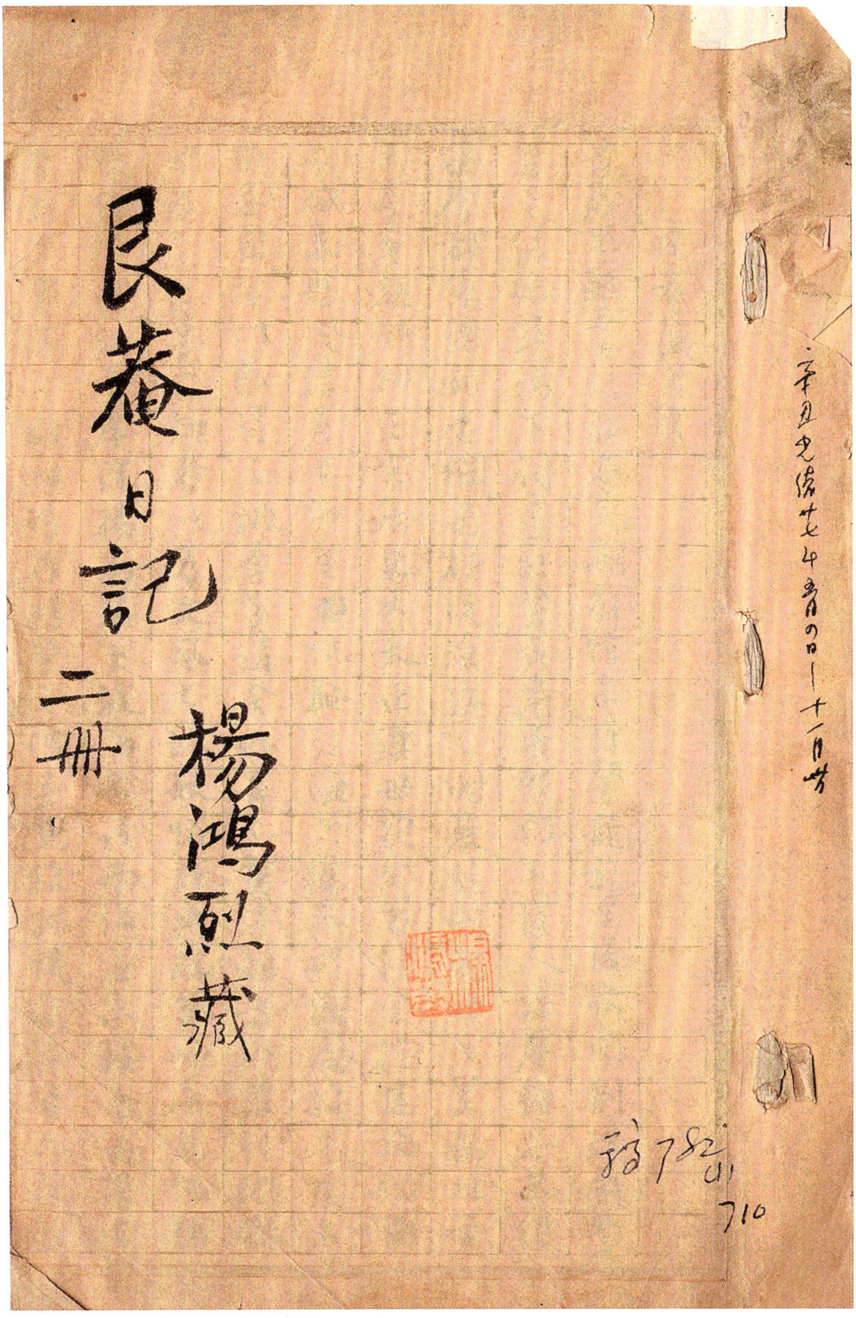

艮庵日記　楊宗稷撰　稿本

楊宗稷（一八六四—一九三一），字時百，也作詩百，號九嶷山人，湖南永州寧遠人。

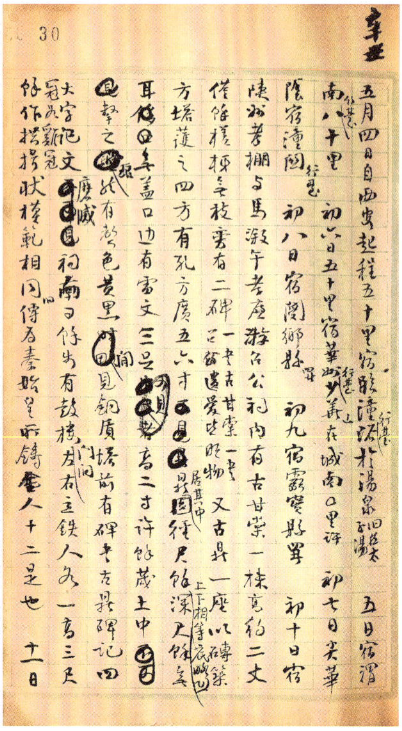

辛丑

五月四日自西安起程，五十里宿臨潼，浴於湯泉。五日宿渭南，八十里。初六日五十里宿華州。初七日宿華陰。初八日宿閿鄉縣。初九宿靈寶縣。初十日宿

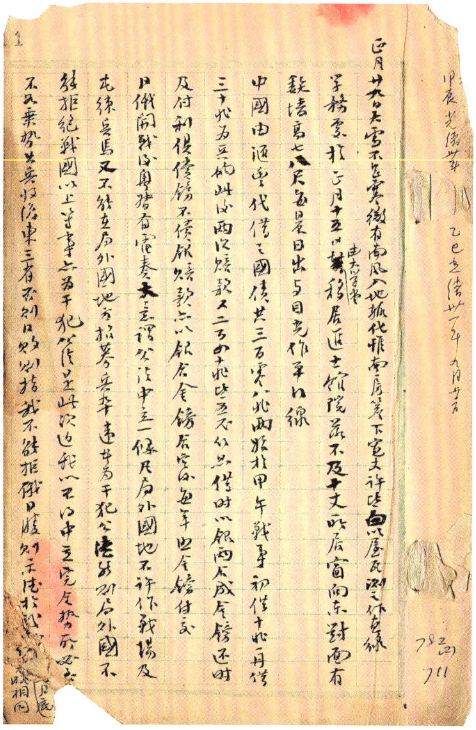

甲辰光緒卅年

乙巳光緒卅一年九月廿三

正月廿六日大雪不甚寒微有南風入地振代排南房簷下寬丈許皆白以屋瓦溜之作垂線

羊鬚㮣於正月十五日搬移居近士館院落不及十丈所居窗向東對面有

鐵塔高七八尺每晨日出与日光作軍行線

中國由道光代借之國債共三百零八兆兩始於甲午戰事初借十兆再借

三十兆為兵餉此後西次賠款又二百四十兆告無不以其借時以銀兩不成金鎊還時

及付利息債鎊不債銀賠款亦以銀合金鎊前定每年照金鎊付交

選臣日記

何萬均撰。稿本，六册。

何萬均（一八六六—？），字選臣，江蘇江寧人，出身官宦世家。曾祖何汝霖（字雨人），道咸之交曾任軍機大臣；祖父何兆瀛（字青耜），官至廣東鹽運使。父何承禧（字介夫），官內閣典籍；母汪氏，江蘇常州人，道咸之交浙江布政使、署理巡撫汪本銓之女；舅氏汪洵（字子淵），爲光緒壬辰翰林。二兄名何蔭枏（字頌眉）、三兄何蔚紳（字石來），均任小官。萬均行五，自幼讀書，曾參加童試，但未取得功名。成年後娶江蘇如皋冒澄（字哲齋）第三女，與晚清民國名士冒廣生（字鶴亭）是至親。卒年不詳。

原稿未題撰者姓名，第一册封面署『選臣日記，光緒癸未年』，後五册封面僅署干支年份。因日記多處提及夏曾佑，經與《夏曾佑日記》比對，可知作者姓何，選臣是其字號。又日記提及江寧人、浙江龍遊知縣高英（字與卿）爲其同鄉，可知作者籍貫江寧。《選臣日記》光緒癸未年十二月初四日有云：『爲先曾祖恪慎公忌日設供』。查江寧人何汝霖，謚『恪慎』，去世之日正是咸豐二年十二月初四日（《知所止齋自訂年譜》），故可證知日記作者何選臣爲何汝霖曾孫。又光緒癸未年六月初二日日記有云：『爲大父賀壽。』『大父』即祖父，而何汝霖之子何兆瀛確是六月初二日生日（參見鄉試朱卷及《何兆瀛日記》）。又《選臣日記》癸未年十一月二十七日記載鄧承修參劾廣東歷任官員，何兆瀛也牽連其中，而《何兆瀛日記》當日也提及自己被鄧承修參劾，可知作者爲何兆瀛之孫。檢諸日記，七月十九日爲選臣生日，每年此日又有『萬均生朝』的記載，可知本名『萬均』。而何兆瀛、何承禧日記中也分別有『均孫生日』『均兒生日』的記載。此外，《何兆瀛日記》光緒乙亥年（一八七五）七月十九日有云：『均孫十齡生日』，據此可推算，何萬均生於同治五年（一八六六）七月十九日。

日記稿本行楷手書，字迹較爲工整。六册的具體情况分别爲：光緒九年（一八八三）一册，署『選臣日記，光緒癸未年』；光緒十三年（一八八七）正月初一日至光緒十五年十二月三十日，每年各一册，分别署『丁亥年日記』『戊子年日記』和『己丑年日記』，其中『己丑年日記』缺該年五月初五日至七月十二日部分，末尾羼入光緒十年六月之日記；光緒十六年（一八九〇）七月初一日至十二月三十日一册，署『庚寅年日記下册』；光緒十七年（一八九一）正月初一日至七月初一日一册，署『辛卯年日記上册』。光緒九年一册用『鼎泰號製』朱絲欄稿紙，半葉十行，行字不等，其餘各册皆用朱絲欄稿紙，半葉九行，行字不等。

日記所記年份中，何氏一大家族寓居杭州。光緒十六年十二月何兆瀛溘逝。次年三月，何萬均隨其父何承禧送祖父靈柩回江寧老家安葬，順便參加府試。五月，事竣歸杭。六月，再赴江寧參加院試。六月二十三日，突接乃父病危的電報，急回杭州，於七月初一日到家。不幸的是，何承禧已於二十六日去世。現存日記即止於光緒十七年七月初一日。

《選臣日記》的價值至少包括以下幾個方面。首先，從一個官宦大家族的年輕少爺的角度，看晚清士大夫家庭的日常生活，包括拜師求學、生活水準、日常交往、婚喪嫁娶、生老病死等情形。其次，日記記録晚清杭州風俗甚多，且常與南京風俗做對比，饒有趣味。再次，記載浙江官場的傳聞及人物臧否，名士汪洵、夏曾佑等人的活動，也頗有可觀。日記還記録了晚清輪船興起而滬寧杭鐵路未建之前，杭州、上海和南京之間的交通往來狀況。此外，日記記録了一個年輕人初用電報的驚歎，初至上海的感受，以及參加科舉考試的經歷。就已知情况看，江寧何氏家族幾代人均有日記，而記載較爲詳細，可謂『日記傳家』；將幾代人的日記對讀，對研究晚清仕宦家族歷史而言便是絶佳個案。（韓策）

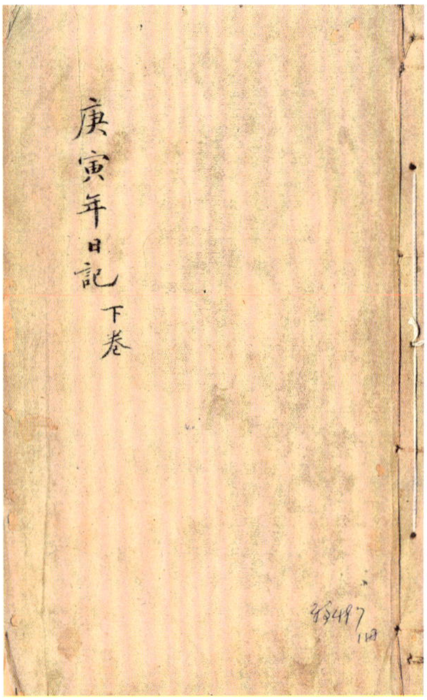

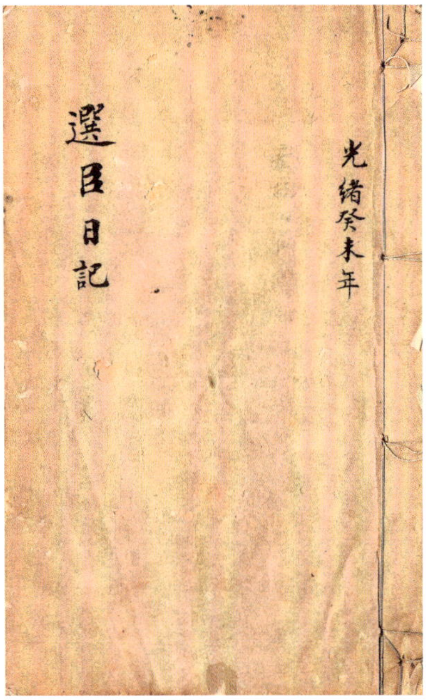

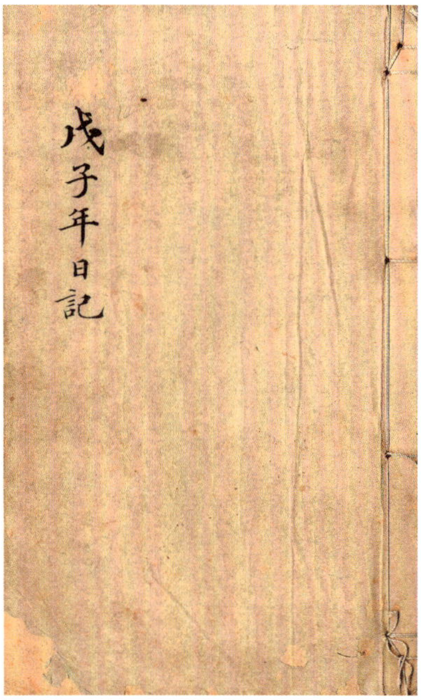

選臣日記　何萬均撰　稿本

何萬均（一八六六—？），字選臣，江蘇江寧人，出身官宦世家。

晴
陰晴不一晚微雨稍涼
晴

正月建甲寅　十二日卯正三刻九分雨水　二十七日卯初二刻六分驚蟄

初一日晨起祭天地又隨諸人為大父賀新年大衆互相稱賀此俗例也即到莊行禮少坐即歸又隨大父並挈肩受而往作遊湖之計座有戴師仲馨丈九叔祖仲兄午初許艤舟于三潭印月大父為彭雪琴公保賀年而公保已他往矣偕佃良久即開至蔣公祠午飯飯罷少憩即歸湖上遊人殊少大約吳山今日必有可觀矣晚寢較早

初二日晨起祀財神午飯後偕仲塋作遊山之計人煙嘈雜幾于無寸地之餘在四景園茶寮少憩即歸

初三日晨起到莊少坐即歸今日天氣爽晴而道途泥滑非常頗難步行飯後到海潮寺為普照師拜年廟中頗為幽雅到此令人俗氣頓消不啻仙源福地也

陰雨下午見陽光
陰有風涼

十九日丁亥萬均生日早為重闈磕頭尊長前當行禮者行禮以還其規矩孫綬卿来未及留點而去係之符卿来留此午點陰雨纏綿不能少事遊逛悶極悶極三姊来乘與作葉子戲半日似珊有字来謂風聞鍾式承乘轎回粤半路遣事竟與屈大夫為伍殊覺可駭按此人像與予白大同小異其沈靜似較予白之浮躁為長而其氣宇之急促有過之無不及也事屬風聞原許妄誕其人像有可慮故不禁不屬在相信耳

二十日戊子仲兄偶感風寒肌熱未退昨服蓉舫方劑尚有效但頭項作楚未能轉動自然再就蓉舫復診仍用祛溼散風一類藥味下午又覺背心怯風少頃熱睡則壯熱得汗熱乃減如此情形恐係瘧疾祇要寒熱分清原無甚大妨礙也周樂

晴
晴熱

臺將来或可望一調劑濟振卿派在内分理皆係面子差使而植三則未免向隅矣仲兄毘陵續寄之函下午乃到

十八日戊辰午後出門到外家一轉適外祖母今日出門與符卿坐談許乃去順看叔英不值伊事尚未奉札不知有無更動公事一律延宕大率類此順看筠畦不值近日迷于麻雀之戲更甚於前是真醜不為怪矣沿清河坊一帶而回

十九日己巳萬均生日晨起為重闈磕頭保之雲槎来因留午點食將半叔英来一揖為祝入席食麪三五莖根而已食畢不別而去何必乃尔午後尔保来即去偕雲槎出門在同春啜茗順在梅花碑散步而

陰涼
陰涼
晴有風不甚涼
早雨午後晴

十六日辛未益兒疾阻氣逆恐成慢驚午後彭伯来診立方皆開散之品

十七日壬申兩兒恙仍如前益兒恙尤甚終日昏眠有時痰阻則以手入口中若有物欲吐出服蘇合丸二分不見功效死生有命富貴在天固亦無可如何也彭伯来診立方謂稚年質弱且須小心云

十八日癸酉午前琴軒来坐留午飯飯後揩臣亦来坐彭伯来為益兒診稍見輕減立方而去銘哥由廠午来出門到外家一行順往大街購紙帖而回伯濤来坐

十九日甲戌萬均生朝晨起為重闈叩頭湘舅琴軒来因留午飯午後紫珍丈来坐久之而去新伯来為益兒復診恙已漸輕減立方而去下午偕彤甫小步街頭而回

王錫彤日記

王錫彤撰。稿本。

王錫彤（一八六六—一九三八），字筱汀，號悔齋，晚號抑齋，河南汲縣人。清光緒二十三年（一八九七）丁酉科拔貢，次年赴京朝考，以直隸州州判用。復歸鄉講學，歷主孟縣、禹州等地講習，創設經正書舍。時人稱其『創學堂，爲鄉人謀智育，講學於省郡州縣近二十年』。間或與問地方政事，整頓車馬局、創辦籌防局，又主持禹州三峰煤礦公司，參與策劃洛潼鐵路、河南鐵礦，成爲當地紳士名流。清宣統元年（一九〇九），袁世凱退居河南時，邀王錫彤入幕。辛亥前後，袁氏重新出山，錫彤奔走籌劃，攘臂其間。一九一五年曾短暫擔任參政院參政。此其所謂『遭逢亂世，間與當代大人先生遊，揺唇鼓舌，頗預時議』。後因對袁稱帝失望，轉而投身實業，先後任京師自來水公司、天津啓新洋灰公司、天津華新紡織公司協理，開灤礦務局副總辦等職，爲北洋實業界重要人物。晚年以著書終老，民國二十七年（一九三八）卒。著作有《抑齋自述》《抑齋文集》《抑齋詩集》《抑齋讀書記》《清鑑》《大學演》《論語測》等。其生平事迹見《汲縣王先生墓誌銘》《王錫彤墓碣》《王筱汀先生年譜》等。

王錫彤長期堅持寫日記，自光緒十五年（一八八九）書寫日記迄至一九三八年六月四日，持續數十年未嘗間斷，且頗爲自重，時時請人謄寫刊印。如一九三三年日記中有『與童貞白及斌兒議謄寫去年日記，擬以所購新式速印板印之』；一九三六年又有『童貞白來談，送所校《清鑑》，并取去去歲日記爲録稿』。

近代史研究所藏王錫彤日記三册，即一九三三年、一九三五年、一九三六年三年者，凡七百〇四葉。此數年是王氏晚年息影津門的病中歲月，故日記内容多爲延醫用藥、祭祖、會友、讀書等日常。每册後附當年詩文，文多爲祭文、函札，詩多爲唱和應酬之作。看似所記無甚大事，亦無秘聞可言，反貼近變動年代中平常的一面，亦有其獨特價值。其一，『九一八』之後，日本步步進逼，王氏日記呈現了身處侵略陰影下北方民衆的日常。例如，一九三三年，他寫道：『日兵自占東三省，又占熱河，又占永平各縣，距北平日近，又派飛機赴北平示威，故居民咸感不安』；一九三五年，又有：『報載通州獨立，又津地亦有浪人謀獨立，大抵假借外勢，當局不敢問，尚不知如何結果。』即使在讀俞曲園《東瀛詩記》時，因書中皆記日本詩人，引其感慨，『因思津地人心皇皇，正鬧獨立，若曲園在今日出此書，必有扶曲園爲獨立首領者。』其二，日記中時有記録對時局的看法，如當他聽聞西安事變時，惶恐不安，認爲『此大禍也，中國立有危亡之虞，恐蔣已遭不測。予與蔣素無一面緣，然以其爲中國人心歸往之人，恐一時不易得此替人』。當聽聞蔣介石無恙時，『不覺氣爲一振，數日鬱結頓舒』，并確定『此舉也更增蔣之聲價』。其三，在理學傳統中，日記有其特定功用，王錫彤在瑣碎的日常生活中對日用人倫的堅持，體現出他對混亂之世的不滿，揭示在不斷趨新的時代，未被足夠注意的舊派，仍在以他們自己的方式堅守傳統。

另外，王氏《抑齋自述》近年已刊行，該書即據日記整理而成，分《浮生夢影》《河朔前塵》《燕豫萍蹤》《民國閒人》《工商實歷》《藥餌餘生》《病中歲月》七種。前六種及《病中歲月》甲編均由王錫彤生前手訂，《病中歲月》乙、丙、丁、戊諸編則係其次子整理。將《抑齋自述》與日記原稿參照閱讀，可更加全面瞭解作者的人生歷程和内心世界。（張陽）

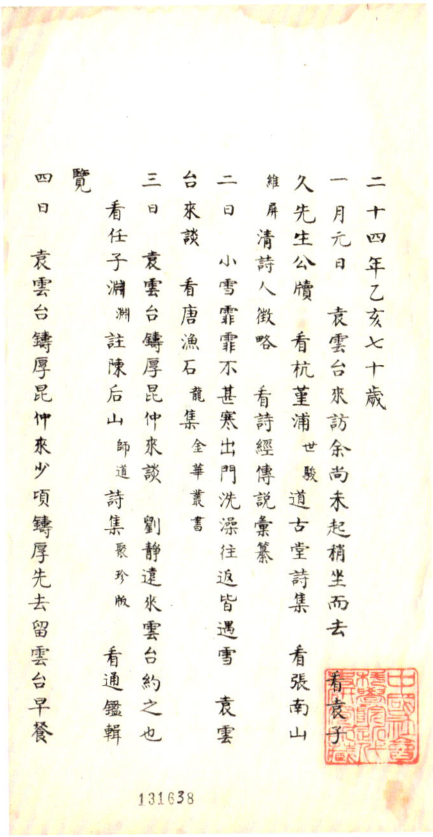
二十四年乙亥七十歲
一月元日　袁雲台來訪余尚未起稍坐而去　看袁子
久先生公牘　看杭堇浦世駿道古堂詩集　看張南山
維屏清詩人徵略　看詩經傳說彙纂
二日　小雪霏霏不甚寒出門洗澡往返皆遇雪　袁雲
台來談　看唐漁石龍集金華叢書
三日　袁雲台鑄厚昆仲來談　劉靜遠來雲台約之也
看任子淵淵註陳后山師道詩集聚珍版　看通鑑輯
覽
四日　袁雲台鑄厚昆仲來少頃鑄厚先去留雲台早餐
131638

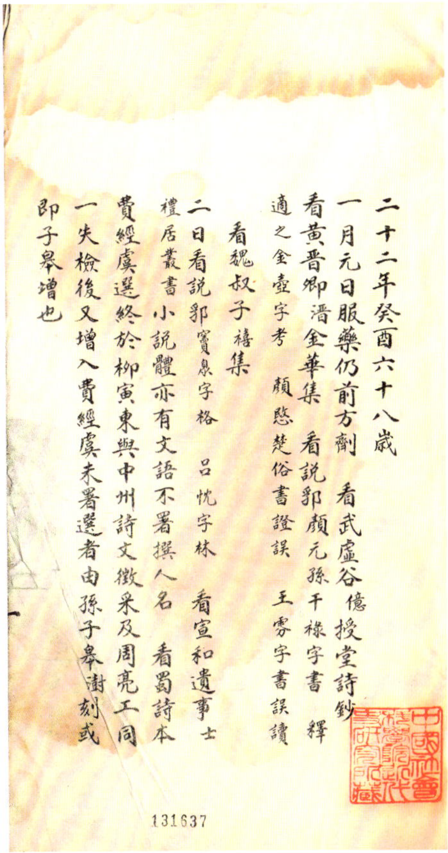
二十二年癸酉六十八歲
一月元日服藥仍前方劑　看武虛谷億授堂詩鈔
看黃晉卿溍金華集　看說郛顏元孫干祿字書　釋
適之金壺字考　顏愍楚俗書證誤　王雰字書誤讀
看魏叔子禧集
二日看說郛實泉字格　呂忱字林　看宣和遺事士
禮居叢書小說體亦有文語不署撰人名　看蜀詩本
賈經虞選終於柳寅東與中州詩文徵采及周亮工同
一失檢後又增入賈經虞未署選者由孫子皋謝刻式
即子皋增也
131637

王錫彤日記　王錫彤撰　稿本

王錫彤（一八六六—一九三八），字筱汀，號悔齋，晚號抑齋，河南汲縣人。

祁景頤日記

原題《谻谷亭日記》《壬戌南遊日記》《哀琴閣日記》《繩抴室日記》《學如蜕齋日記》。祁景頤撰。稿本。

祁景頤（一八七一—一九三六），本名師曾，字頌威，字景頤，也作敬怡，號君月，山西壽陽人。出身世家，爲祁寯藻（謚文端）曾孫、祁世長（謚文恪）孫。父祁友慎，先逝；母李淑宜，爲清光緒中葉清流領袖、軍機大臣李鴻藻長女。祁師曾（景頤）弱冠師從金壇馮恕（字蒿盦）讀書，以貴公子與名流往還，在京城頗有時譽。光緒十八年（一八九二）祖父病逝，蒙賞一品蔭生俟服闋後以員外郎即補的恩賜。二十年（一八九四）八月，考試蔭生，取一等一名，引見後仍以員外郎用；二十二年（一八九六），簽分兵部武選司行走；二十八年（一九〇二）七月，經出使比國大臣楊兆鋆奏調出洋，時舅父李石曾在法國，舅甥得同遊歐洲；二十九年（一九〇三）八月，選授兵部四川司員外郎；三十一年（一九〇五）十月，出洋三年期滿，經楊兆鋆奏保俟得知府分省後以道員補用，十一月差滿回京，不久奉旨以知府分發補用，在山東巡撫楊士驤幕中任職。辛亥革命後，清帝遜位，民國建立，伏居未出者三年，期間經營商業屢敗。一九一八年，再返政界，當選衆議院議員。一九二〇年直皖戰爭後，退居析津。一九二二年，爲生計所迫，前往南京入江蘇省省長韓國鈞幕。一九二四年，又任盧永祥幕僚，穿針引綫，奔走於南北各政要之間。次年，充段祺瑞執政府善後會議議員，四月竣事，即居沽上，依賴長子、天津海關監督祁彦孺生活，直至去世。曾在《青鶴》連載《⿰谷閑谷亭隨筆》，係後世研究晚清史的著名的筆記文獻。

該日記稿本，共三十六册，每册封面或題民國紀年，或干支紀年，時間起於民國十一年（一九二二）舊曆三月初七日，止於民國二十五年（一九三六）舊曆二月初一日，前後跨越二十四年，其中偶有間斷。所記内容非常詳細，包括天氣、日常行程、公務活動、時局見聞、休閒娛樂、詩詞酬酢、疾病醫療等，也有不少討論道咸、同光時代宫廷掌故、京城習俗的記載。由於家世顯赫，人脈關係深厚，他與北洋時期各派系都有交往，尤其是皖系和奉系人物。他與徐樹錚（字又錚）交誼極深，贊『又錚天才超邁，詩文以有性靈』，他入段祺瑞幕即由徐介紹。日記中對段祺瑞、黎元洪等大人物都有評判臧否。祁家與奉系楊宇霆的關係尤爲密切，其長子彦孺在奉天供職及後來擔任天津海關監督都與楊氏有關，他對奉系内部派系鬥争及楊宇霆被殺的前因後果也有獨到看法。

與祁景頤經常交往的還有不少清朝官員及其子弟，如傅增湘、白廷夔、林葆恒（字子有）、田桂舫、何亞農、姜登選、盧永祥之子盧筱嘉、名士葉浩吾之子葉少吾，以及鄧守瑕、革命黨人張繼、銀行家徐新六、魏匏公、王克敏、收藏家朱文鈞、報人陳灨一、殷鐵庵、袁滌庵等當時名流。品鑒字畫、詩酒唱和也是他文人生活和交際活動的重要組成部分。對壽陽祁氏和高陽李氏家族的情況也時有提及。

祁景頤酷愛聽戲、品戲，梅蘭芳、余叔岩、程硯秋、楊小樓、朱素雲、王又宸、譚富英、裘桂仙、姚玉芙、姜妙香、王鳳卿、荀慧生、郝壽臣、周瑞安、王長林、陳德霖、高秉奎、王楞仙、程繼仙等京昆名家常常出現在他的日記中，日記中留下了大量詳細的劇評內容。他晚年在津時曾編輯了《鞠譚餘墨》，講述四十年來的梨園往事，有些內容或可從其日記中得到不少印證。總之，這部內容豐富的日記對研究晚清史、民國政治史、近代社會史、藝術史而言，都有極高的史料價值。此外，據稱，祁景頤還有《壬寅冬隨使比國日記》《癸巳舊日記》，目前下落不明；北京大學圖書館尚藏有《䜋谷亭日記》，若可彙爲完璧，將更有益於學界。（趙妍傑）

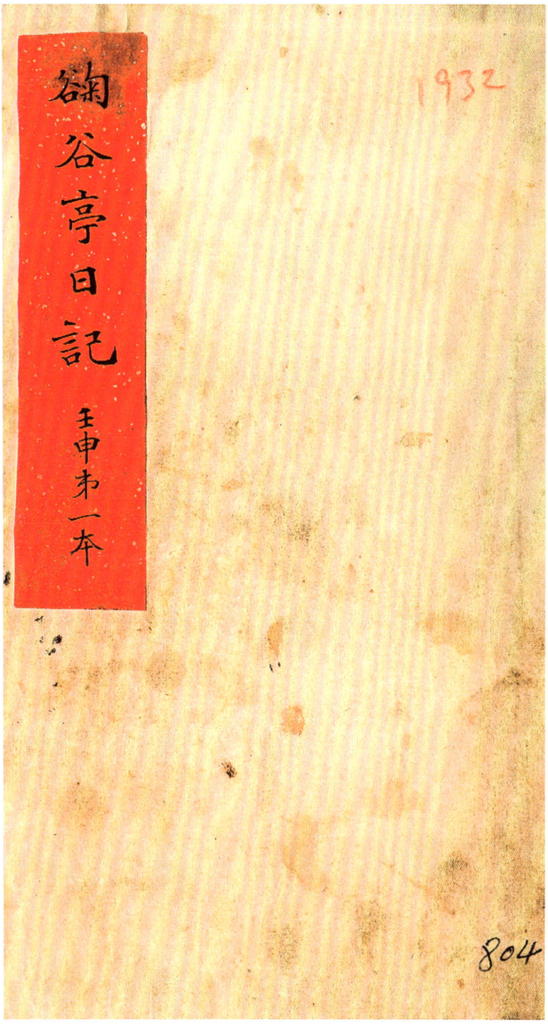

祁景頤日記　祁景頤撰　稿本

祁景頤（一八七一——一九三六），本名師曾，字頌威，字景頤，也作敬怡，號君月，山西壽陽人。

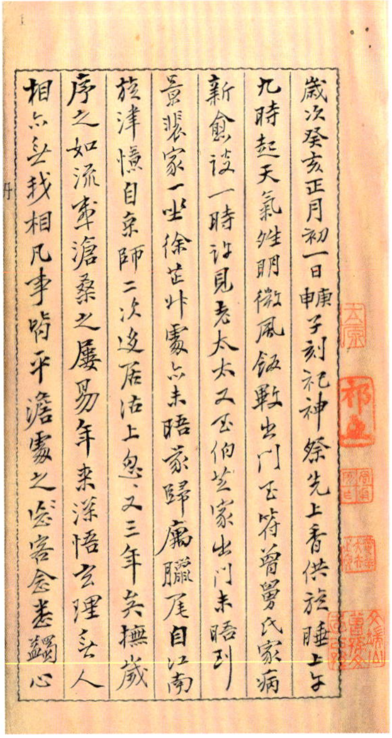
歲次癸亥正月初一日庚申子刻祀神祭先上香供於睡上午
九時起天氣甚明微風飯罷出门至蒋曾舅氏家病
新愈談一時許見老太太又至伯兰家出门未晤到
景裴家一坐徐芷卿處亦未晤家歸寓臘尾自江南
旋津憶自京師二次遷居沽上忽忽又三年矣撫歲
序之如流感滄桑之屢易年来深悟玄理知人
相亦知我相凡事皆平淡處之然客念甚蠲心

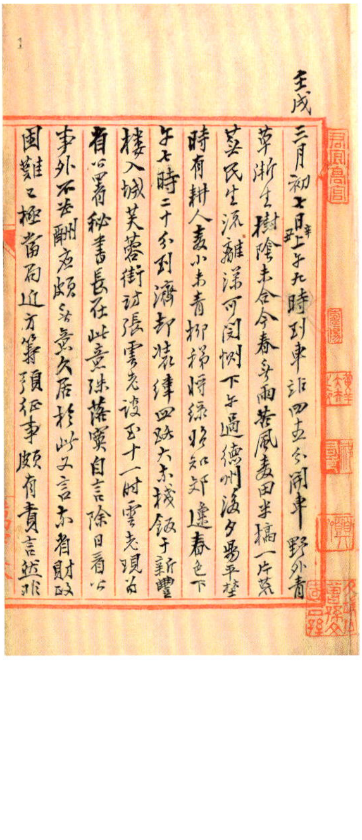
壬戌
三月初七日辛丑上午九時到車站四点分開車 野外青
草漸生樹陰未合今春多雨苦風麥田半槁一片荒
蕪民生流離深可閔惻下午過德州後夕陽平埜
時有耕人麥小未青柳梢將綠始知遠春色下
午七時二十分到濟邦装律四路大东棧飯于新豐
樓入城芙蓉街訪張雲老談至十一时雲老現為
省公署秘書長在此竟降落寞自言除日看公
事外不甚酬應頗多意久居於此又言東省財政
困難已極當局近方籌預征事頗有責言兹非

1

[illegible]谷亭日記　壬申年第一本

壬申年太歲在元默涒灘月在孟陬

正月初一日子正祀　神祭

先上供焚香禮畢即睡今年禁鞭爆而爆竹聲仍不斷十一時起

風日晴龢春光大好所恙漸愈惟仍懶倦吃素水餃小米粥小極未

出撿萃錦唫光緒戊子正月日次詩每日錄一首以紀典章文物

之盛且為吉事有祥之頌寫　校蘇詩半卷

一年今日最分明文字東方喜氣生唐詩紀事太宗有正日臨朝詩又德宗有元日

觀軍仗詩歲盞後推藍尾酒長長久久樂承平四民月令正月之旦進酒降神称觴舉壽

一年戎昱中秋夜登樓望月寄友人文字楊巨源元日含元殿下立仗丹鳳樓門下宣赦上相公歲盞白居

谿谷亭日記

閏五月初一日晴熱漸有盛夏之意作篆一頁敬讀
先文端公道光壬寅樞廷載筆二月初二日辰初刻
上御經筵滿講官八人立丹墀下東漢八人立西駕升傳
心殿講官由東西階上分班行二跪六叩禮由殿左右門入
滿東漢西立於柱前北上直講官四人出班於講案前行
一跪三叩禮還立滿講官出班詣案前左以左手起界尺開
講章講四書畢掩卷鎮紙退入本班漢講官出班亦諸
案左如滿講儀退上宣四書御論滿文群臣均跪聽滿大

癸酉七月初一日晴微風秋意蕭森六月二十九日為
先大父文恪公誕辰以二十八日夕間客散睡遲未及
告廟人備供設設今日設祭 去伯來久談飯而去 以
姜穎生丈爲許少翯太史葉茗孫鑑南訪舊圖小卷見
示爲光緒丁亥臘月少翯太史往完顏訪鹿喬侍明府而
化以鐵南道中及在完與禊詩十餘首是圖作於戊戌春
日太史後以京察高等簡鎮江府不久卒於任此卷流出爲
厰肆韓少臣所得丁巳穎丈見之爲題一絕并繫小跋於后
廿一年前所安後爲方伯所有曾乞鄭叔進翰林作跋

九月初一日晴清代殿試考略中記咸豐庚申科殿試湖
口高碧湄心夔時爲肅裕庭賓客肅爲監試王大臣必欲
致之首選恩有以抗抑群士乃以轉飭殿廷考試爲名請於
文宗以壽字圈印於爲末戌初交論已否完卷以印鈐上
故是科狀手求工者率不得完卷卷入三甲而高爲某讀卷
所抑先事以熟請大臣所不能圈而高標其朝考又以出韻
置四等歸班高爲已未貢士庚申補殿有以奥援卒不能得
是殆有命存焉先文恪是科舉進士殿試從容畢事得
二甲仁和鍾雨辰殿撰素不工書反無意而得龍頭所記

十一月初一日早有霧凇寒色蕭然午後五明星現賺
一坐場上陳盛蓀原貼爵[illegible]政字宙鋒未掛金殿前西
皮继反二簧音調和谐應有盡有葉盛蘭八大鎚飾陸
文龍英挺之姿華貴之氣戰四鎚將場上姿式不同出
手舞鎗耍翎的是小生而別純與武生不類手法從容
處處不懈聽書時忽驚忽喜時露稚齡不解態度馬
連良飾王佐坐帳觀書幾句慢板尚覺悠揚說書時
白口究以舌齒不清不能如昔前衰梨快人耳目遇徐往
二君散後到蜀通會食更邀李次武來又同往冷香室

翛谷亭日記

甲戌年太歲在閼逢淹茂月在孟陬初一日寅初拈香接
神祀
先禮畢就睡爆竹迎年多於往日十二時起元日晴龢景
陽淑氣歲朝紀瑞豫占年穀之豐風日迎韶喜卜室家
之慶熙春介福頤性養和雖屆老年精彊固不敢不自
策勵也祿滕書春開筆吉利午後二時李次武湯伯循
偕來少坐擬今晚仍作撲克局客去至泉山里拜 外祖
文正公遺象與符公舅氏四舅毋一爲周旋家人咸在

甲子年日記

袁勵準撰。稿本。

袁勵準（一八七六—一九三五），字珏生、珏蓀，也作覺生，號中舟，别署恐高寒齋主。先世爲江南名門望族，江蘇武進人。祖父袁績懋，字厚安，寄籍順天宛平，爲清道光二十七年（一八四七）乙未科榜眼，授編修，後在福建延建邵道任上殉難，清廷予以世職。父學昌，光緒舉人，官湖南辰沅永靖道、湖南提法使；母親曾懿，出身四川華陽世家，清季閨閣詩人，著有《古歡室詩詞》。清光緒二十年（一八九四）袁勵準中式甲午科舉人，二十四年（一八九八）中進士，改庶吉士。庚子事變起，隨扈西安。二十九年（一九〇三）四月，散館，授編修；經管學大臣張百熙奏，聘爲京師大學堂提調。六月，考試經濟特科，欽定一等，十二月充國史協修，三十年（一九〇四）二月充會試同考官，三十一年（一九〇五）六月，奉旨在南書房行走。三十三年（一九〇七）七月，經農工商部奏充高等實業學堂監督。宣統三年（一九一一），授翰林院侍講。辛亥後始終在遜清小朝廷南書房『行走』，又充清史館纂修。一九二四年廢帝溥儀抵天津，袁勵準奉命留京辦事。民初袁勵準始終活躍於京津遺老中，時與樊增祥、陳曾壽、傅增湘、柯劭忞、楊鐘羲、王國維、陳寶琛等人往還，詩文酬唱，且富收藏，精鑒賞，尤以藏墨享譽於世。書法擅行楷，宗米元章，得其神髓。著有《恐高寒齋詩集》《中舟藏墨録》。作者好遊覽山水，曾自刻《西山遊記》，收入作者遊歷各地名勝時所寫遊記，其中部分係日記體文字。

該日記稿本，兩册，九行『恐高寒齋』稿紙，題『甲子年日記』。，第一册起於甲子年（一九二四）正月初一日，止於同年七月二十二日；第二册起於甲子年七月二十三日，卻止於乙丑年（一九二五）二月二十五日，前後總計四百零九天。其中，對每日天氣、温度、風沙雨雪都有詳細記録。這個時期袁勵準以南書房行走的身份，服務於遜清小朝廷，奉命查核景陽宮、天興殿，檢閱書籍、書畫，每日遊廠肆購買字畫文玩、金石拓片，爲友人寫字作畫，參加詩文酒會，延續了清末京城士大夫的傳統生活。如三月初七日、四月十三日記在景陽宮發現散氏盤原器，建議溥儀下令請拓工做原形拓及銘文拓本之事；三月初九記與日本漢學家服部宇之吉博士的交往；三月二十六日記在中央公園觀看中日兩國畫展并對日本各家作品做出臧否；七月又記爲江西賑災舉辦書畫展覽籌集義款之事。日記後半部分則記述了不少有關溥儀被趕出紫禁城前後的情形。如十月初九日溥儀被趕出紫禁城，遷居醇王府；十一月初三托詞到東交民巷德國醫院購物，進入日本使館；溥儀在日本使館內的衣食住行，以及遺老們四處奔波卻又無力回天的無奈，都有詳細記載。日記中還提及載潤、載瀛等近支王公對溥儀身處逆境毫不關心，反而在德國飯店飲酒作樂，引起溥儀不滿的細節。日記後面又附有雜記數頁，多是在琉璃廠購買字畫、書籍、文玩的詳細賬目。對研究民初政治和文化生活而言，該日記有一定的參考價值。（馬忠文）

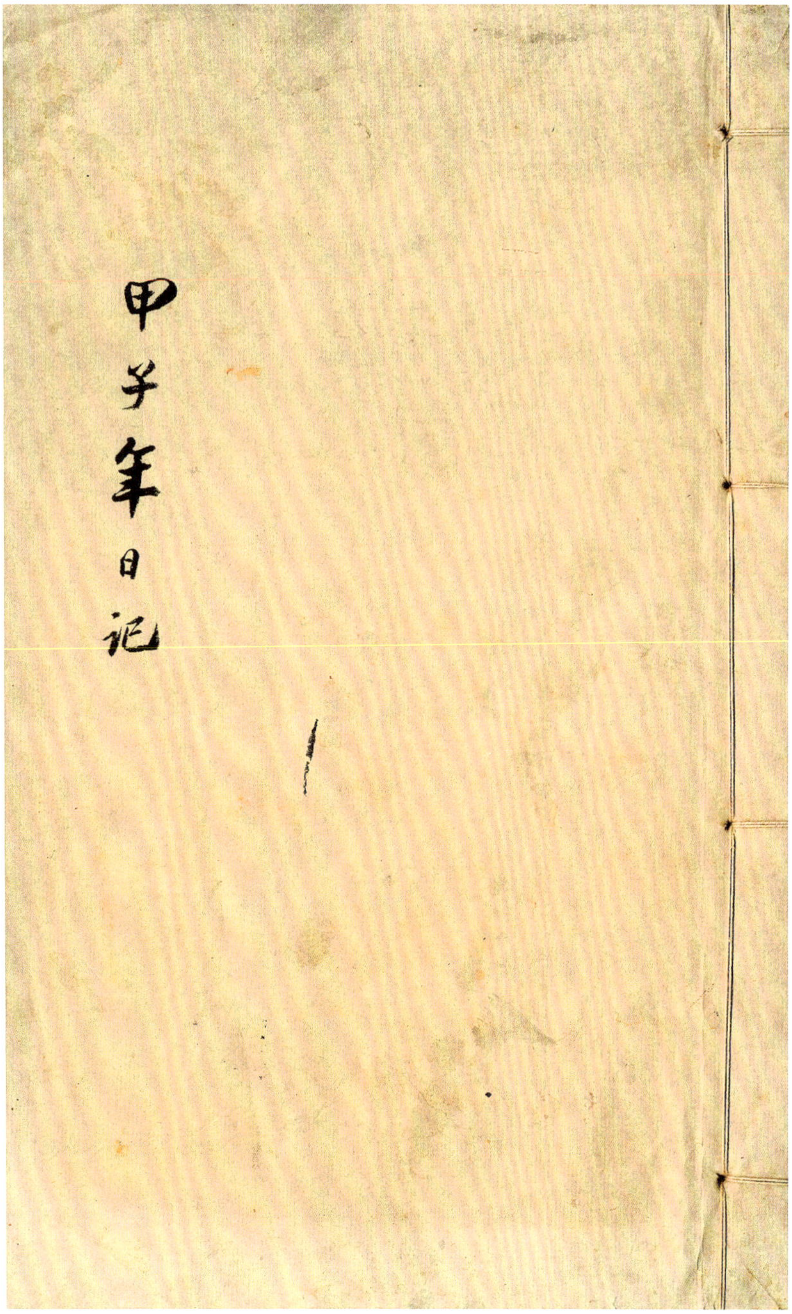

甲子年日記　袁勵準撰　稿本

袁勵準（一八七六——一九三五），字珏生、珏蓀，也作覺生，號中舟，別署恐高寒齋主。江蘇武進人。

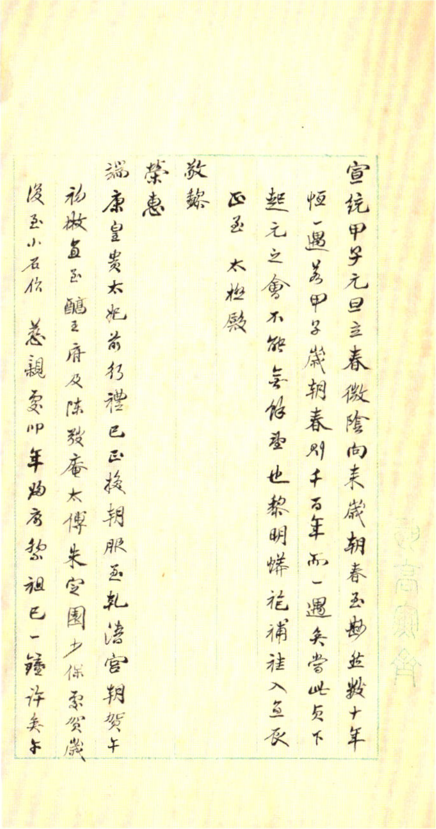

宣統甲子元旦立春微陰向來歲朝春至尠茲數十年
恆一遇若甲子歲朝春則千百年而一遇矣嘗此天下
起元之會不能無紀也黎明詣花補褂入直夜
正至太極殿
敬謹
榮惠
端康皇貴太妃前行禮巳正換朝服至乾清宮朝賀午
初散直至醇王府及陳弢庵太傅朱定園少保處賀歲
後至小石作慈親處卯年為府黎祖已一鐘許矣午

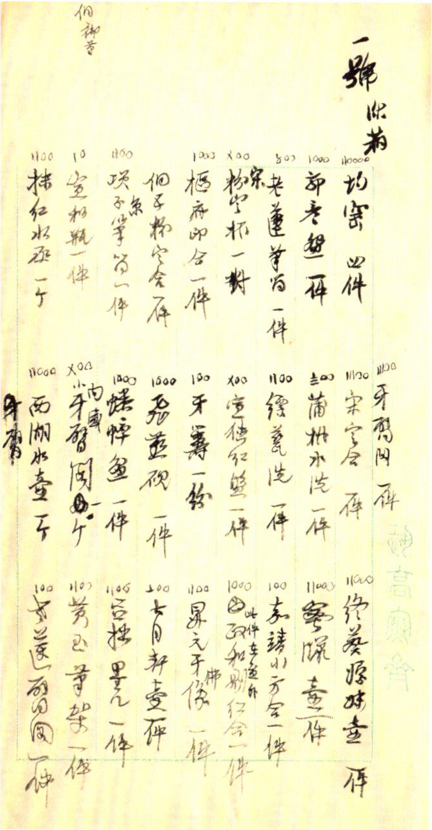

佣御香

一號 附箱

11000 均窯 四件
1000 郎窯盤一件
800 老蓮筆筒一件
X00 宋粉定杯一對
1000 舊府印合一件
佣子粉定合一件
1100 哥子魚掌筒一件
10 宣彩瓶一件
1100 抹紅水盂一个

1100 牙雕网 一件
1120 宋定合 一件
三00 蒲桃水洗一件
1100 繆藍洗一件
X00 宣德紅盤一件
100 牙壽一幅
1500 飛燕硯一件
1000 蝶蝶魚一件
X00 小內國牙雕閑一个
11000 西湖水壺一个
牙雕

1100 徐葵孫對壺一件
11000 寧瓷壺一件
100 嘉靖小方合一件
1000 此件在隨外 和刻紅合一件
1100 昇元千佛像一件
200 古月軒壺一件
1100 呂蒔墨一件
1100 芳至筆架一件
100 玄窯二兩圈一件

使德日記

載灃撰。鈔本。

載灃（一八八三—一九五一），字伯涵，別號静雲，愛新覺羅氏，第一代醇親王奕譞之子，光緒皇帝異母弟，宣統皇帝溥儀之父。光緒十六年（一八九〇）冬，承襲王爵，充内大臣、閲兵大臣等。因庚子年德國公使克林德在北京被殺，二十七年（一九〇一），作爲專使，代表清政府赴德道歉。次年，奉旨與大學士榮禄之女瓜爾佳氏聯姻。三十三年（一九〇七）五月，奉慈禧太后之命在軍機大臣上學習行走。次年，兩宫崩逝，其子溥儀入承大統，以攝政王監國。宣統元年（一九〇九），代理陸海軍大元帥，掌握清廷軍政大權，繼續推行預備立憲，同時加强皇族集權，遭到立憲人士反對。三年（一九一一）八月，武昌起義爆發，被迫起用袁世凱。十月，請辭攝政王之位，退歸藩邸。民國成立，閉門家居。一九二八年，遷往天津幽居，後又去東北，拒絶日本人勸降，後返回關内居住。一九五一年，病逝於北京。

該日記係由墨筆鈔録，用『懿文齋』稿紙，每頁九行，共五十頁。正文首頁鈐『静雲』『退一步想』『辛丑』等印。

日記始於光緒二十七年（一九〇一）五月二十七日，止於同年十月初六日，記載載灃作爲專使出使德國的經過。載灃先乘火車到天津，再乘輪船抵滬，六月初五日乘德國公司『拜宴』號輪船出洋，經香港、越南、新加坡、馬來西亞，駛入印度洋。七月經蘇伊士運河，駛入地中海。經意大利，乘火車趕到瑞士巴塞爾，七月二十日乘火車趕往波茨坦。七月二十二日謁見德皇威廉二世，次日乘火車前往柏林，與德國外交大臣會面。日記還記述了載灃應德皇邀請赴丹次溪閱操，以及遊覽參觀洋貨店、瓷器店、動物園、舊皇宫、議院、油畫館、德皇養馬院、水族館、博物院、蠟人館、救火局、軍事學堂、西門子電機廠、來福炮廠、斯德汀伏爾鏗船廠、布萊梅造船廠、克虜伯炮廠、斯托蒙釀酒廠等。八月十七日載灃乘火車離開柏林，經意大利熱那亞乘德國輪船回華，九月二十三日抵滬，十月初六日抵京。日記所載沿途見聞，不但可補官方史料之不足，也是清皇室成員首次開眼看世界的第一手記録。耿來金曾將該稿整理，題名《醇親王載灃使德日記》，刊於《北京檔案史料》一九八九年第四期。除該清鈔本，載灃《使德日記》還有兩個版本：其一爲首都博物館藏稿本，係載灃『隨員等代志并書』，日記開篇依次録《光緒帝致德皇國書》《（載灃）頌辭》《德國皇帝答辭》，而後是日記正文。一九八九年《近代史資料》總七十三號刊載丁山整理《醇親王使德日記》（中國社會科學出版社）即據此本。其二是一九六〇年群衆出版社根據載灃之子溥任所藏日記稿本，請人謄録的鈔本，現已刊行，取名《醇親王載灃日記》，其中即含有《使德日記》，正文内容大體雷同。溥任在一九八九、一九九〇年《紫禁城》上連載的《載灃辛丑使德日記》可能據此整理。比較而言，近代史研究所藏清鈔本，無論是記事内容，還是行文風格，都與前二者有顯著差異，對於載灃活動的記載尤爲細緻，與其他版本可資互補。（張海榮）

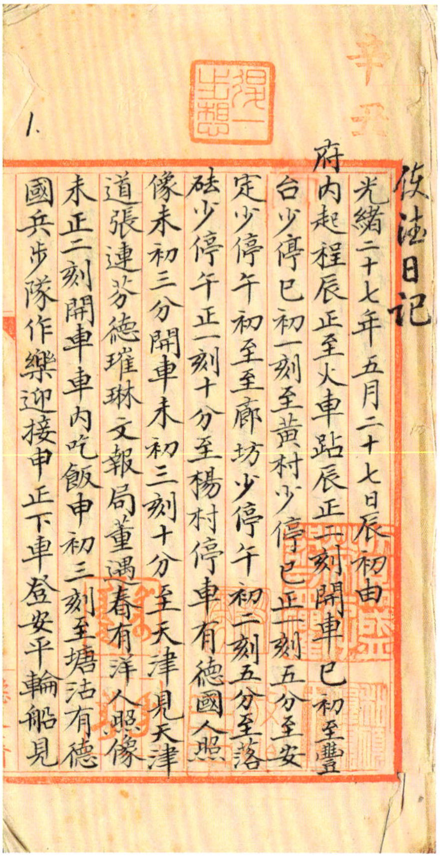
辛丑
1.
使德日記
光緒二十七年五月二十七日辰初由
府內起程辰正至火車站辰正一刻開車巳初至豐
台少停巳初一刻至黃村少停巳正一刻五分至安
定少停午初至廊坊少停午初二刻五分至落
垡少停午正一刻十分至楊村停車有德國人照
像未初三分開車未初三刻十分至天津見天津
道張蓮芬德璀琳文報局董還春有洋人照像
未正二刻開車車內吃飯申初三刻至塘沽有德
國兵步隊作樂迎接申正下車登安平輪船見

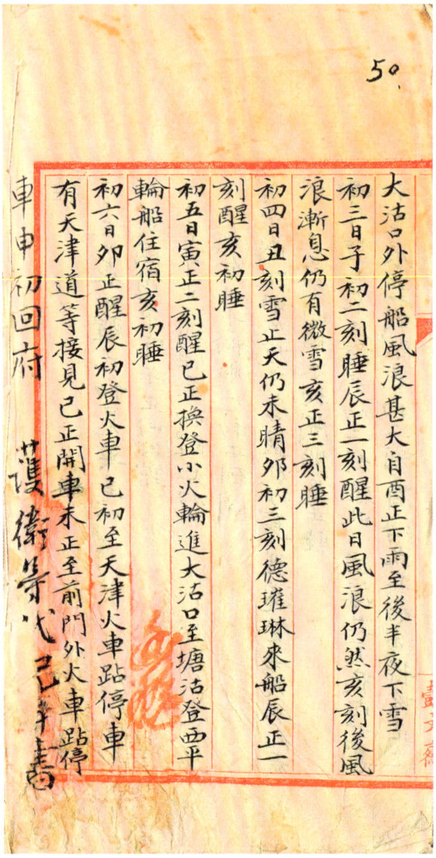
50.
大沽口外停船風浪甚大自酉正下雨至後半夜下雪
初三日子初二刻睡辰正一刻醒此日風浪仍然亥刻後風
浪漸息仍有微雪亥正三刻睡
初四日丑刻雪止天仍未晴卯初三刻德璀琳來船辰正一
刻醒亥初睡
初五日寅正二刻醒巳正換登小火輪進大沽口至塘沽登西平
輪船住宿亥初睡
初六日卯正醒辰初登火車巳初至天津火車站停車
有天津道等接見巳正開車未正至前門外火車站停
車申初回府

使德日記　載澧撰　鈔本

載澧（一八八三——一九五一），字伯涵，别號静雲，愛新覺羅氏。

張志潭日記

張志潭撰。稿本。

張志潭（一八八四—一九三五），字遠伯，直隸豐潤人。豐潤張氏家族，以科舉起家，出現過清流領袖張佩綸、兩廣總督張人駿、大清銀行總監督張允言、民國作家張愛玲等近代名流。張志潭爲張佩綸之侄、張人駿堂弟，父張佩緒，官安徽蕪湖道。志潭於清光緒二十九年（一九〇三）中癸卯科舉人，三十三年（一九〇七）經東三省總督徐世昌奏調，任東三省督練處參議、延吉邊務幫辦，後任兵部郎中、民政部郎中。民國三年（一九一四）擢任綏遠道尹。後歷任段祺瑞執政府國務院秘書長、陸軍部次長；靳雲鵬内閣國務院内務總長；顏惠慶内閣交通總長等職。皖系軍閥失敗後退居天津，書畫自娱。其胞弟張志澂集兄著作，爲之出版《蠡園遺墨四種》。

該日記凡十六册，用『朵雲軒』緑格稿紙及『覺曉齋』紅格稿紙，以工整小楷書寫。每册封面均以楷體小字書寫『張志潭（遠伯）日記』，下方以民國和公元兩種紀年注本册日記的起迄時間。日記正文起於民國十三年（一九二四）十二月初七日，迄於民國二十四年（一九三五）正月十二日，距這年八月十九日張志潭去世，僅半年餘。其間凡十二年，幾無間斷。這段時間張志潭已經淡出政壇，以天津爲主居地，間或移居上海和北京（平）。日記内容主要記述每日讀書練字、走親訪友、遊園看戲，收寄信函等事。文字之簡似僅爲備檢而記，非以他用。雖然每日來客絡繹不絶，但所談之事鮮有提及；又因言行謹慎，少見直抒胸臆之語，但仍可見張氏與徐世昌、靳雲鵬、齊燮元關係較爲密切，日籍友人較多，且往來頻繁。張氏與容齡有交誼，記述對孝欽（慈禧太后）的描述，可補稗史之不足；一九二五年『五卅慘案』、一九三一年『天津事變』發生時，張氏恰巧分别居住於上海和天津，對當時學生工人罷工情景、天津城内華界租界情形也有數日記載。

通觀十二年所記，依稀勾勒出張氏日常生活的基本圖景：勤讀書，《四書》《莊子》《史記》《三國志》《秋水集》《梅村詩集》《聯邦論辯》《俄羅斯的政治改造》，哲學、歷史、詩詞、政治無不涉獵；工書法，《禮器碑》《張遷碑》《石門頌》《九成宫》每日臨帖寫字不間斷；品美食，無論居住何處，每日招引僚友赴宴於知名字號，亦將所見所聞美食信息鈔録於日記中；賞戲劇，觀戲爲日常消遣，日記中偶有對劇碼之優劣之評論，楊小樓、程硯秋、尚小雲、孟小冬等名角兒均有提及。并有大量對兒輩讀書情況的記載。該日記對研究北洋官僚的賦閑生活和思想頗有參考價值。（茹静）

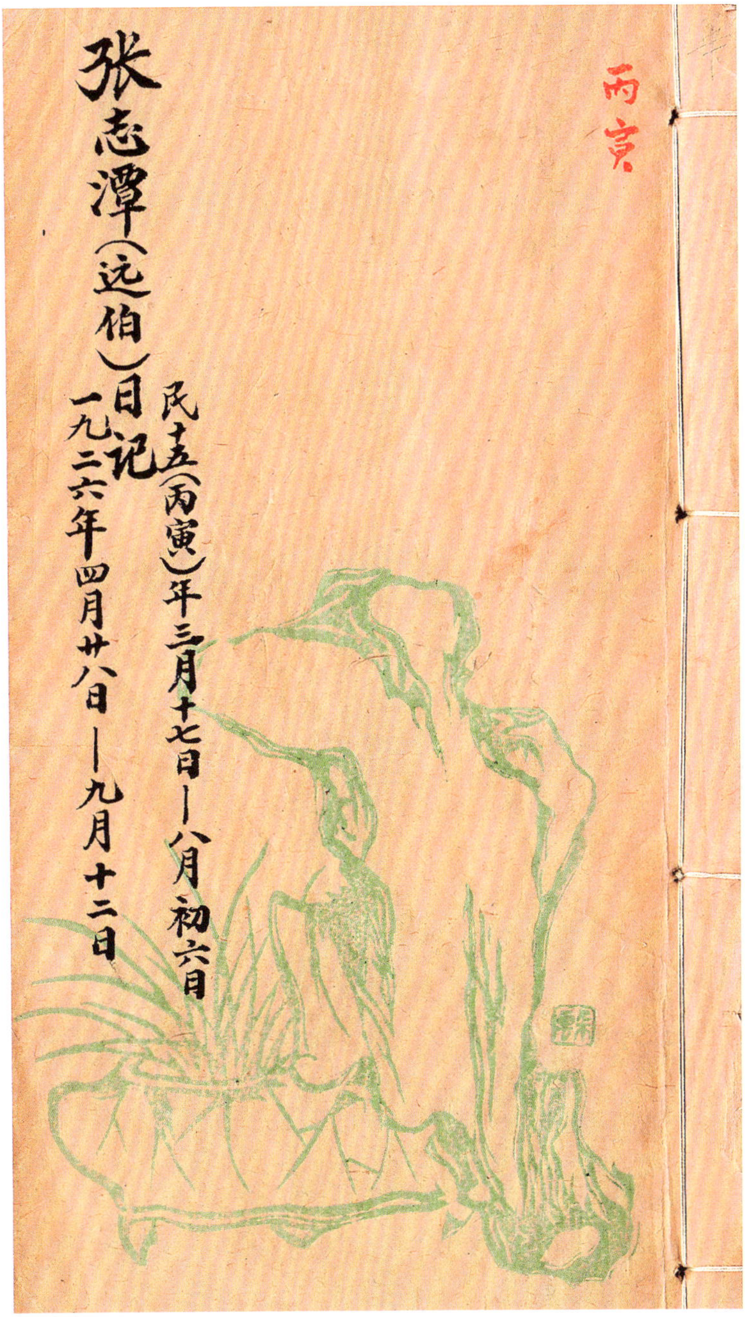

張志潭日記　張志潭撰　稿本

張志潭（一八八四—一九三五），字遠伯，直隸豐潤人。

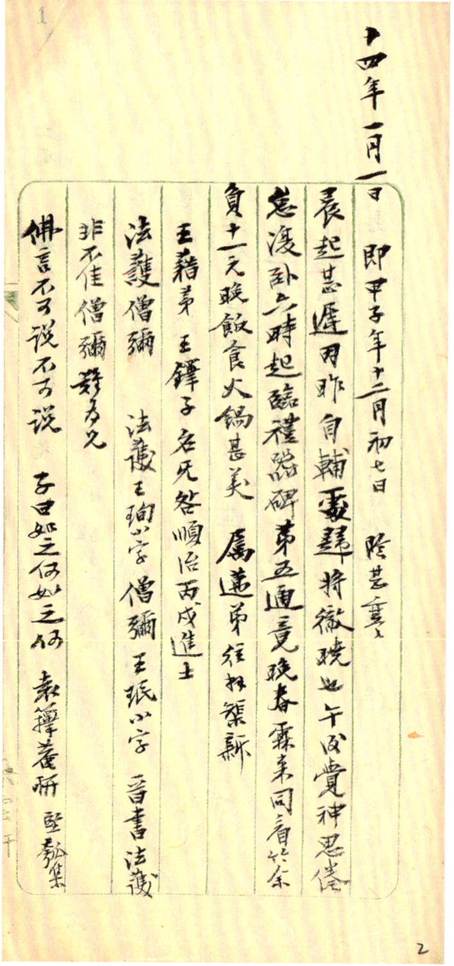

十四年一月一日　即甲子年十二月初七日　陰甚寒

晨起甚遲　因昨自輔處歸　將徹曉也　午後覺神思倦怠　復卧　六時起　臨禮器碑第五通竟　晚春霖來同看於余負十一元　晚飯食火鍋甚美　屬達弟往拟架新

王藉弟　王鐸子　名无咎　順治丙戌進士

法護僧彌　法護王珣小字　僧彌王珉小字　晉書　法護非不佳　僧彌難為兄

佛言不可説不可説　子曰如之何如之何　袁寒雲藏

2

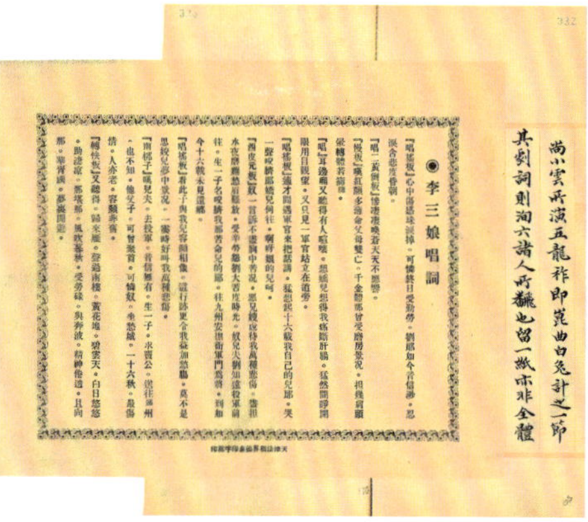

尚小雲所演五龍祚即崑曲白兔計之一節

其劇詞則洵六諸人所撰也留一紙亦非全體

◉ 李三娘唱詞

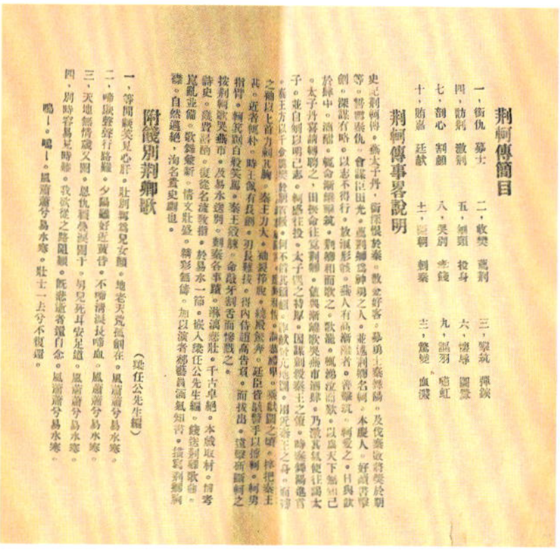

荊軻傳簡目

一、銜仇　募士　二、收樊　薦荊　三、擊筑　彈鋏
四、勸荊　激荊　五、刎頸　投身　六、讒辱　圖鬻
七、剖心　割顱　八、哭別　奉錢　九、謳羽　瘴虹
十、賄嬖　廷獻　十一、鬥秦　刺秦　十二、驚變　血濺

荊軻傳事略說明

附餞別荊卿歌

（瑞任公先生編）

同穴可彌元相感
銘幽難塞頻潸悲
見報端有說紙鳶者剪而存之

秋心

中國普通娛樂品，爲歐美人所交口樂稱，視爲一種有發明品價值者，一爲「空中」，一爲「紙鳶」。空中一物，自庚子聯軍入北京後，日本人首先習學此術，法國人繼之，今不過三十餘年，幾成爲日本普通的游戲品，專家前後踵接，其次則爲紙鳶，歐美人習學放紙鳶者，首在

廣東試演。顧紙鳶之爲物，製工異常困難，奧妙極多，非專門技術不辦，而放演之法，又有許多技術上的知識，以是歐美人雖臻好之，而能之者蓋少，類不能流行焉。若以紙鳶本體上研究，中國南北，各異其術，廣東方面，與江南不同，豫魯江漢，又與北平方面迥殊。北平爲數代舊都，其製

Address. at French Concession 26 Road Tientsin. opposite to the Tung Ya HosPital.

本局批發經史子集學校課本小說雜誌南紙對料各種文具

發奉

貨物出門 恕不退換

輔幣小洋 照市貼水

前存李洋叁元四角壹

邊荒大俠
南天闢地
七英大俠
驚人奇俠
說文
江湖歷險
江湖怪俠
收迴驚人奇俠
神洲奇俠上
大世奇俠
崆峒奇俠
神洲奇俠
江湖女俠
飛劍大俠
鬼魅江湖

共計洋
除退淨欠洋拾捌元八角一

張公館 台照

收清

民國廿年 陰/陽曆 九月廿六日

天津 世界圖書局發票

裝訂冊頁揭裱名人字畫古今碑帖銷售體操器械教育玩物

本局設在法租界老西開二十六號路電話南局一九一七號

白堅武日記

又署《惺庵日記》《惺廬日記》《知白堂日記》。白堅武撰。稿本，現存四十六册。

白堅武（一八八六—一九三七），乳名保臣，曾用名毓熙、見五，字利之、顛雲，號漢聲、惺亞、惺言，齋名知白堂，直隸交河人，出身地方小吏家庭，其祖父白錫庚曾任河南陳州府司獄兼經歷。白堅武少年時在乃祖任所讀書，清光緒二十九年（一九〇三）考中秀才。廢科舉後，於三十三年（一九〇七）考入北洋法政專門學校，與李大釗同學齊名，并結識了北洋時期的政壇健將孫洪伊。一九一三年畢業後，白堅武先後做過馮國璋的秘書、黃鐘日報社記者、京兆自治籌辦所課長等。一九一六年四月，在袁世凱洪憲帝制窮途末路之時，白堅武南下投奔反袁的孫洪伊，在南京馮國璋和上海孫洪伊等人之間奔走活動。袁世凱去世後，孫洪伊出任段祺瑞内閣的内務總長，任白堅武爲僉事。不久，孫氏離職，白堅武亦隨之而去。一九一七至一九二〇年，參江蘇督軍李純幕府，任顧問兼書記處交際股主任、參議廳法律參議等職，其間曾赴廣西、湖南聯絡陸榮廷、吴佩孚等要人，爲南北統一奔走，都未成功。一九二二至一九二七年，白堅武受直系領袖吴佩孚信任，出任政務處長。該處下設五科，權力甚大，有吴佩孚『小内閣』之稱。白堅武一時崛起爲政壇要角。迨一九二七年吴佩孚在北伐戰争中徹底失敗，白堅武北返天津，寓居租界。此後十年，他一方面經營商業，另一方面不忘政治。中原大戰前後，白堅武遊走於閻錫山、韓復榘、石友三等勢力之間，頻繁活動。迨『九一八』事變後，東三省和熱河相繼淪亡，華北危機日益嚴重。白堅武一向主張北人治北，對國、共兩方均無好感，此時遂欲借助日本人和僞滿洲國的力量，推動華北獨立化，建立類似僞滿洲國的華北政權。此後幾年，白堅武建立文武組織，招兵買馬，大肆活動，暗殺、暴動，無所不用其極，但最終都以失敗告終。一九三六年十一月，經冀察政務委員會委員長宋哲元聘爲顧問。全面抗戰爆發後，白堅武在河北肥鄉縣被政敵馮玉祥的部隊抓獲，一九三七年十月十三日，以漢奸首領罪名處死。著有《教育公有議》等。

《白堅武日記》毛筆楷書，字迹工整，用『鼓樓前日升恒』『青雲齋』『藝學社』『松鶴齋』等豎行稿紙，裝成四十六册。日記起一九一五年十二月二十二日，止一九三七年八月十四日，中缺一九一六年三月二十八日至四月十八日、一九二四年十月二十三日至一九二七年九月五日。日記首册有一九一五年以前經歷的簡要追記，日記末尾附有《教育公有議》原稿。一九八二年，《白堅武日記》中一九二四年九至十月的内容，曾以《第二次直奉戰争日記》爲題，在《近代史資料》總四十七號刊出。十年之後，杜春和、耿來金標點整理的《白堅武日記》在江蘇古籍出版社推出，給讀者帶來了極大便利。但限於當時的學術條件，文字標點還有需要改進的地方。此外，必須指出的是，標點本是删節本，據編輯説明：『這次出版基本上保持了日記手稿的原始面貌。有關讀書筆記部分，整理時保留所讀書刊篇目和要點文字，而對冗長的原文徵引則作了必要的删節。』經與原稿初步核對，發現標點本被删節的内容，今天看來均有不可替代的重要價值。《白堅武日記》對於研究李大釗、北洋軍閥和抗戰前十年的北方政局，可謂是不可多得的獨家資料，其巨大價值早已爲學界所公認。有鑒於此，影印出版日記原稿，提供一份更爲原始和完整的寶貴歷史記録，相信會受到讀者的歡迎。（韓策）

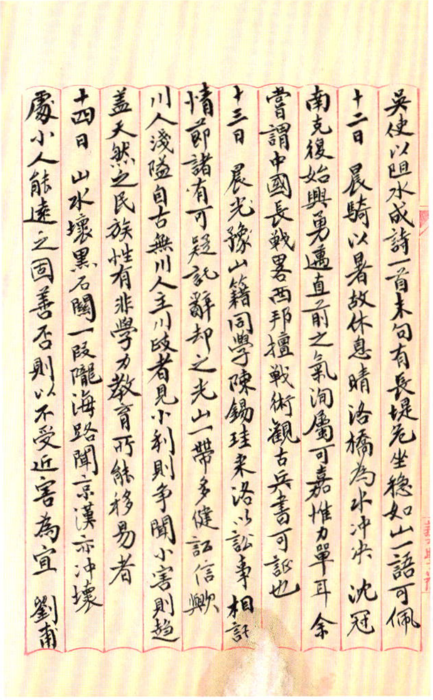

吳使以廻水成詩一首末句有長堤先生穩如山一語可佩
十二日　晨騎以暑故休息晴洛橋為水沖決　沈冠
南克復始興勇邁直前之氣洵屬可嘉惟力單耳　余
嘗謂中國長戰略西邦擅戰術觀古兵書可証也
十三日　晨光豫山籍同學陳錫珪來洛以訟事相訐
情節諸有可疑託辭却之光山一帶多健訟信歟
川人淺隘自古無川人主川政者見小利則爭聞小害則趨
蓋天然之民族性有非學力教育所能移易者
十四日　山水壞黑石關一段隴海路聞京漢亦沖壞
處小人能遠之固善否則以不受近害為宜　劉甫

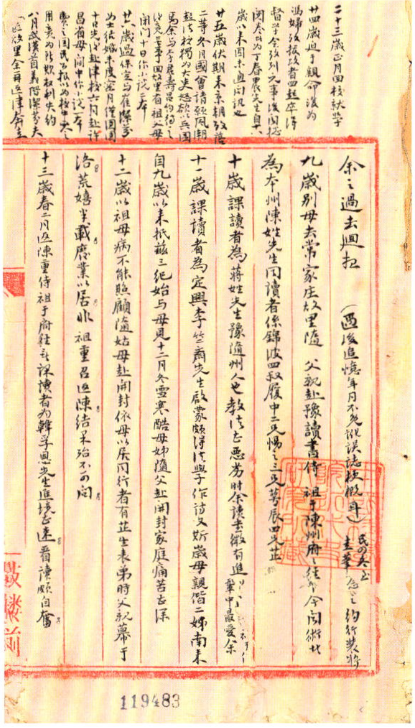

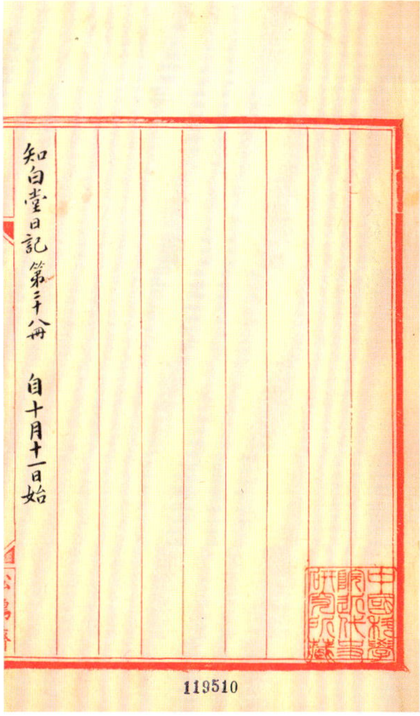

知白堂日記第二十八冊　自十月十一日始

119510

白堅武日記　白堅武撰　稿本

白堅武(一八八六—一九三七)，乳名保臣，曾用名毓熙、見五，字利之、顛曇，號漢聲、惺亞、惺言，齋名知白堂，直隸交河人。

知類彊立齋日記

李時品撰。稿本。

李時品（一八八四—一九六一），字明庶，四川寧遠人。清末秀才，四川紳班法政學堂畢業，又入北京法政學校肄業。民初客居北京，被舉爲平民黨幹事、孔教會幹事，後曾任四川高等審判廳推事、私立法政學校校長、成都律師公會會長等。一九五二年起受聘任四川省文史館館員，直到去世。

該日記係撰者癸丑、甲寅年間（一九一三—一九一四）在京擔任平民黨、孔教會幹事時所記。原稿兩册，第一册，封面自右向左題字三行，依次題寫『孔子二千四百六十四年歲次癸丑四月二十七日』『知類彊立齋日記，覺公』『自四月廿七至六月廿三共五十五日』（即一九一三年六月一日至七月二十六日）。第二册，封面自右向左依次題寫『孔子二千四百六十四年歲次癸丑六月廿四日』『癸丑，甲寅附』『知類彊立齋日記』。正文首頁爲作者所列『治身大要』。第二册日記內容時間不連貫，包括癸丑年六月廿四日至七月十一日、八月廿日至廿八日、甲寅年二月十六日至三月廿二日（即一九一三年七月二十七日至八月十二日、九月二十日至九月二十八日、一九一四年三月十二日至四月十七日）三部分。日記中還夾有兩頁信函草稿，書於紅格『觀水軒用紙』上（作者曾在《孔教會雜志》第一卷第一期發表《觀水軒偶談》，『觀水軒』應爲其室名）。

該日記稿本内容豐富，既有訪學、交友、讀書經歷，亦存其辦理黨務、會務情形，是研究孔教會成立與活動情况的重要史料。日記第一册首頁李時品自敘其生活情形云：『二十七歲又百日時，方客京師，循例肄業於堂子胡同國立法政學校，賃居李閣老大院路南二十五號某宅。』又自稱『遍交其都人，無貴無賤，三年於兹，爲調查人心風俗計也』，於此可見日記内容之基本特點。

日記對經學大師廖平的言行記録尤爲珍貴。李時品言，講學與辦事本爲兩途，『做得通儒便做不得英雄，以力難并顧也』。他本人雖趨於辦事一途，但對講學之『通儒』頗爲敬重，尤尊崇鄉賢廖平。癸丑年五月初四日（一九一三年六月八日）廖平在湖廣會館演説，日記詳記演説内容。又記録了與孔教會核心人物陳焕章（字重遠）的相識與交往。正是陳焕章的信任，李時品逐漸參與到孔教會事務中。八月廿七日（九月二十七日）孔教會計劃在國子監祭孔，李時品被薦任丁祭贊禮兼辦庶務，因事務繁重，他在日記中感慨：『禮者，六經之一部，祭祀又禮之一部，丁祭又祭祀之一部，一丁祭而條理之繁重如此，然則真能通經者，謂其不能治天下，吾不信也。』次日，教育部行慶祝禮，教育總長汪大燮主張跪拜，諸人均以爲否。汪於是徇衆意，先鞠躬，既而自行一跪四叩禮，未上香，未獻爵。李時品稱此事『殊可怪』，反映了他尊孔的真實心態。

甲寅年二月十九日（一九一四年三月十五日）李時品與法國漢學家鐸爾孟面談，并對孔教的認識展開辯論。三月十二日（四月七日），山東民政長高景祺强令孔教會曲阜支會改名，會長孔祥霖派其門人紀景福持書來京，『謂不得以教立名，答以支會無改名之權，但有辭職』等語。李時品復書加以勉勵，稱『吾儕唯當篤信死守，不因世變爲轉移，庶幾聖道長存，天心可挽。貴支會先生爲之領袖，務懇鼎力撑揩，維繫衆望』。這些日記中的書信往還，既反映了孔教會的日常運作，更體現了民初政教關係的轉折。（薛剛）

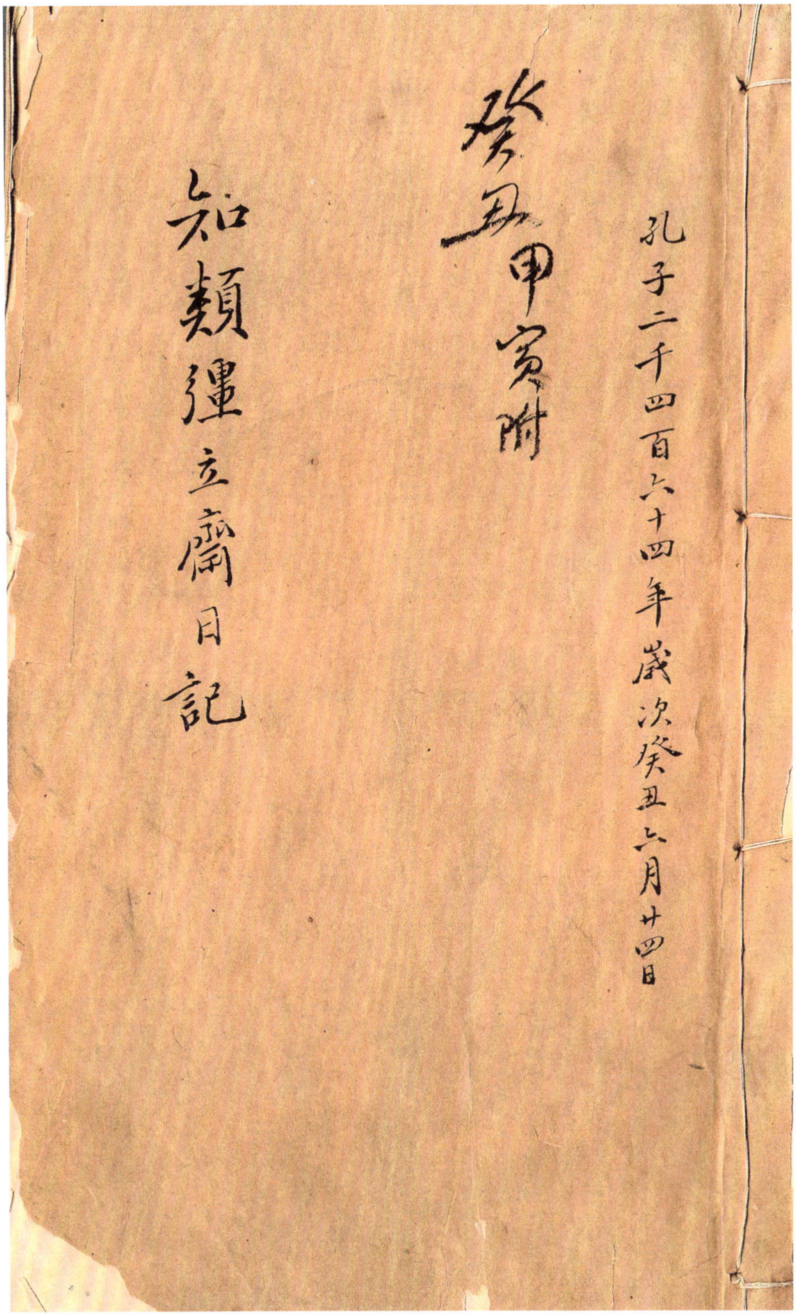

知類彊立齋日記　李時品撰　稿本

李時品（一八八四—一九六一），字明庶，四川寧遠人。

開端

孔子二千四百六十四年歲次癸丑四月廿七日
當時品之生二十七歲又百日時方客京師循依
肄業於室子胡同國立法政學校僦居李閣老大
院路南二十五號某宅陳榻於庭北之東舍同居
者有以韓五人皆同學也此五人者天南地北各
不相識以何原因而相聚處豈非各有所為耶豈
非各有所為而且同學者耶各有所為而且同學

知類疆立齋叢書

1.

陳元暢日記

陳元暢撰。稿本。

陳元暢（一八八二—？），室名雙甘室，四川合江人。清末留學日本，明治大學商本科畢業。民初自日本歸國後，先後在四川志城法政專門學校、蠶業專門學校、民立大學等校授課，講授經濟通論。并曾擔任四川大學經濟系特約教授。

該日記稿本，共十九册，記事始於一九二六年八月，止於一九四三年三月，除一九二七、一九二八、一九三二、一九三三年略有中斷，其餘年份幾乎逐日而記，内容連續長達十八年，篇幅頗具規模。每册封面題『日記』二字，下標册數，右下側注該册日記新舊曆起始時間，末端多題有『雙甘室』，或『雙甘室元暢』『雙甘室大寓』『雙甘室大宇』等。封面鈐『中國科學院近代史研究所藏書』印，部分册頁另鈐有『陳元暢』章。日記多使用豎行紅格稿紙，每日首寫日期、天氣，然後記事，字迹工整，格式簡潔。

作者在首册日記中自敘日記之由來云：『辛亥後，時勢推移，不知所止，其事變之來，常出人想像之外。回思往事，十餘年中皆如夢境，惝恍迷離，不知當時如何經過。已去景象，偶復縈繞於心中，皆覺爲前古所無。或歷史有類似之記載，而平日亦極懷疑，以爲不能盡信，至今皆一一現於眼前，令人驚詫。時亦使人發生興趣，惜都無記録。自今以後，恐運會之變遷，更有甚於往昔。特從兹起，凡所聞所見，依日志之，以備不忘。十五年新曆八月八日，陳元暢記。』記録時代變化，此意旨貫徹日記首尾。縱觀日記所述，既有讀書、授課、繪畫、書法、詩詞、社交、休閒等日常生活經歷，亦包含對民初軍政格局、經濟狀況、民生日用、社會風俗的即時觀察和思考，内容十分豐富，是研究二十世紀二十至四十年代四川地方社會與知識群體的重要史料。日記中屢見他對軍閥政治的批評：『年來凡百事情，皆軍人一手遮天，所謂法律道德規則破壞無遺。』目睹軍閥混戰造成的民生凋敝，百業俱廢，他痛感『戰爭所至，皆損失也』，又言『軍人專横，法制無力，道德墮落，財政困難，事業縮小，資本枯窘，皆戰争中常見之事』。他還頗注意中央與川政的關係，對於川政的認識，多用『沉悶』『彷徨無依』等詞描述之。與友人之談話，常彼此歎息時局多故，皆有『水深火熱』之感。

日記對四川經濟狀況，諸如貨幣政策、物價漲落、居民生活都有反映。作者曾長時間保持每日記録廠板、大元、法幣等貨幣價格變化的習慣，對於聚興誠、康泰祥等銀號錢莊的經營狀況也有披露。軍政格局演變帶來的貨幣制度更迭，造成了物資價格、居民收入等各方面的劇烈波動，影響民生至巨。他通過對比米油鹽柴等各類生活必需品的供求及價格，發現年來百物騰貴，多數人皆覺『生活無把握』。小生産者更是日形困難，『如小販、車夫及一切苦力頗困難其生活』。再加上軍閥捐税名目繁多，徵斂無度，『動輒拔刀相向，而收者仍無多，一般已到真窮境地』。他曾詳列劉湘主政時所徵捐税十餘種，如門牌捐、户籍捐、郵件附加税等等，感慨『人謂劉湘捐多，今信之也』。軍閥割據所釀成的經濟失序，使普通民衆生活陷入困窘地步，『一片呻吟聲充滿城鄉，可憐可歎』。

作者長期任教各校，熟悉當時成都教育界的動態消息，加之與學生群體有密切接觸，日記中有不少對學生思想言論的切近觀察和分析。日記各處還隨手記録亂世之中普通人的日常境遇，如抗戰期間日軍轟炸下的成都市民的驚懼心態，日記中多有反映。同時，作者也留意到：『最近數月，雖敵機時來，但人無恐懼，因其見慣，反生厭恨。兼之前方戰况頗穩定，故抗戰精神不因敵機之擾而減縮，反有堅强之勢。』此處由恐懼到厭恨，復轉堅强的描述，真實反映了中華民族抗戰精神的偉大。既往學者考察抗戰多從軍事、政治、組織著眼，若從此細微處關注民心民氣的轉折，反觀抗日戰場的攻守勢易，或可爲詮釋抗戰進程增加可能的維度。整體而言，這部日記從新型知識分子觀察和感悟生活的角度，爲研究四川近代社會變遷提供了珍貴的原始資料。（王波）

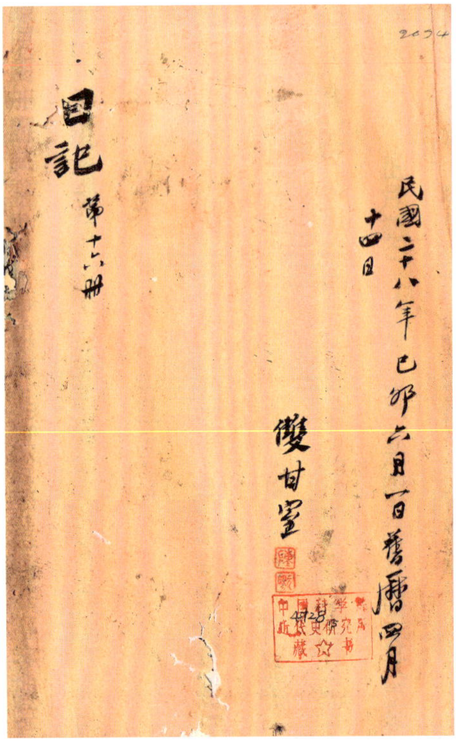

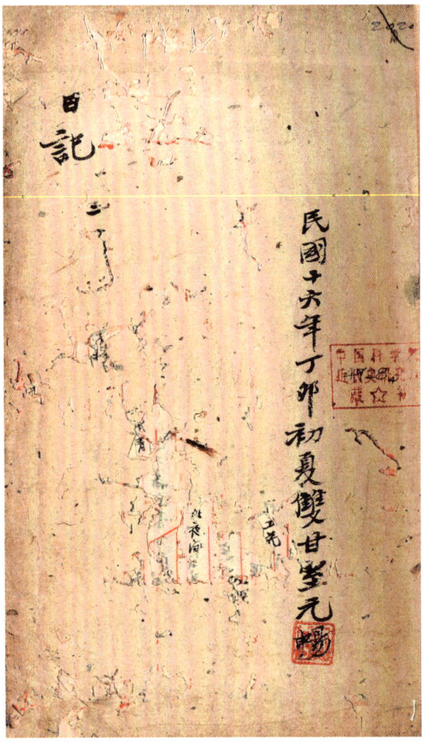

陳元暢日記　陳元暢撰　稿本

陳元暢（一八八二—？），室名雙甘室，四川合江人。

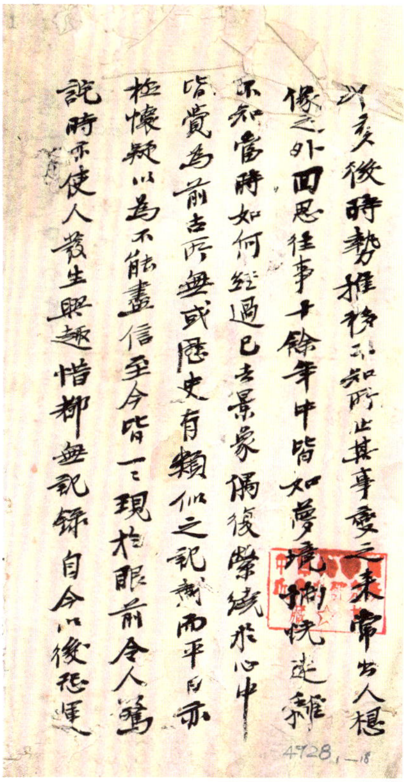

以來後時勢推移不知所止其事變之來常出人想
像之外回思往事十餘年中皆如夢境撲朔迷離
不知當時如何經過已去景象偶復縈繞於心中
皆覺為前古所無或歷史有類似之記載而平日亦
極懷疑以為不能盡信至今皆一一現於眼前令人驚
訝時亦使人發生興趣惜都無記錄自今以後恐更

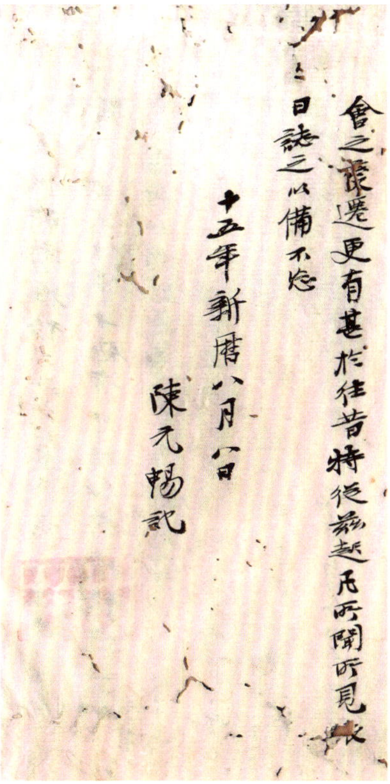

會之變遷更有甚於往昔特從茲起凡所聞所見取
日誌之以備不忘

十五年新曆八月八日

陳元暢記

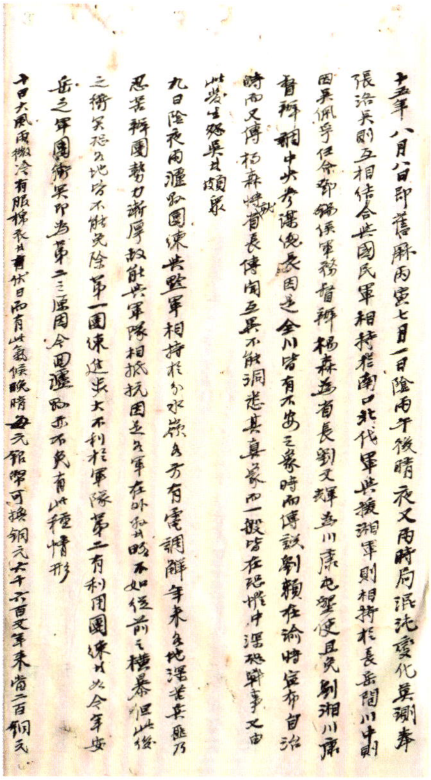

十五年八月八日即舊曆丙寅七月一日陰雨午後晴夜又雨時局瞬息變化莫測奉
張洽吳則互相結合與國民軍相持於南口北伐軍與援湘軍則相持於長岳間川中則
因吳佩孚任命鄧錫侯軍務督辦楊森為省長劉文輝為川康屯墾使且免劉湘川康
督辦職中央又謂俟長因之全川皆有不安之象時而傳説劉賴在渝時宣布自治
時而又傳楊森就首長傳聞互異不能洞悉其真象而一般皆在恐慌中深恐戰事又由
此發生然吳其頗衆

九日陰夜雨瀘縣團練與黔軍相持於分水嶺各方有電調解年來各地深苦兵匪乃
忍苦辦團勢力漸厚故能與軍隊相抵抗因之各軍在外亦略不如從前之橫暴但此縣
之衛兵恐各地方不能免除第一團練進步大不利於軍隊第二有利用團練以為今年安
岳之軍團衛兵即為第二之匯因今田瀘縣亦不免有此種情形

十日大風雨微冷有服棉衣者昨日雨有此氣候晚晴每元銀幣可換銅元六千六百文年來嘗二百銅元

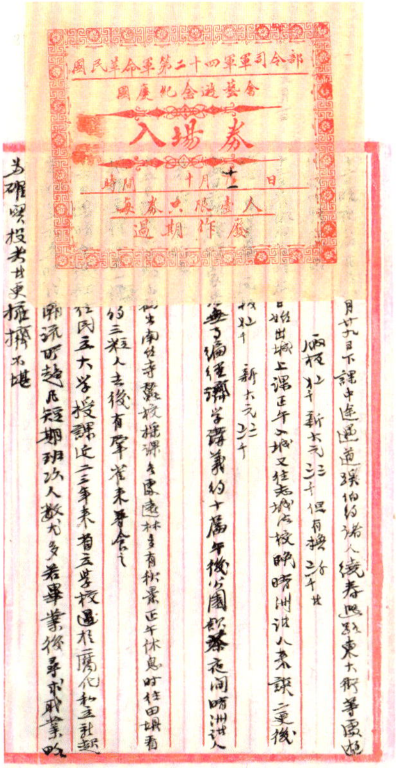

國民革命軍第二十四軍司令部
國慶紀念遊藝會
入場券
時間 十月十一日
每券只限壹人
過期作廢

月廿九日下課中途遇道瑛伯約諸人幾春興縣東大街等處遊
[illegible]
日始出城上課正午入城又往志城校晚晴洲諸人來談
[illegible] 新六元二三十
無可編經濟學講義約十篇午後公園飲茶夜間晴洲諸人
[illegible]南台寺縣校擔課去處遠林木有秋景正午休息時往田壩看
約三粒人去後有羣雀來暮合
往民立大學授課近二三年來省立學校遂於腐化私立社起
潮流所趨凡短期班次人數尤多若畢業後尋求職業時
為確實投考者更擁擠不堪

潞生日記

林棨撰。稿本，現存十八册。

林棨（一八九〇—？），字潞生，清末順天府大興人，曾祖元煦，祖坦，父壽金。清末林家長輩多在河南謀生，故清光緒三十年（一九〇四）正月，林棨入河南省城開封的公立知新中學堂讀書。三十四年（一九〇八）以優等畢業，經學部奏獎優貢功名，後又就讀於河南公立法政專門學校。民國初年長期在北京活動，一九一九年前後在內務部做録事。一九二〇年，參加第二届文官普通考試及格（行政職中等），分發內務部，在土木司委任職學習，後升補內務部土木司主事。一九二六年十二月，督辦賑務處改組，林棨『奉派爲該處委員，在賑務委員會秘書室辦事，并兼在秘書處辦事』。一九二七年因賑務獎案，准以簡任職任用。『北伐』之後，林棨先後任河北省黄河河務局科長、河北省建設廳第一科科員等職，主管河務事宜。

林棨長期在內務部、建設廳等部門任職，對華北水利事業研究有素。一九三三年，河北省政府秘書長瞿宣穎出任河北通志館館長，聘林棨負責水利類的編輯，著有《河北省水利史概要》《河北省各縣水灾調查》《河北省地方水利建設》《冀省黄河工紀》《整理滹沱河紀實》《平山縣之水利事業》《修葺十二連橋記》等。七七事變後，身在北平的林棨曾任僞宛平縣政府秘書、僞大興縣政府主任秘書等職，一九四七年三月，因『漢奸』罪，經河北省高等法院審訊，判處兩年六個月有期徒刑。以後事迹不詳。

日記稿本署《潞生日記》，不著姓氏。據日記一九二七年三月二十七日有云：『又刻冲牙小圖章一個，隸字四字，文曰‘林氏潞生’。』可知作者姓林。又據日記內容，作者曾任內務部土木司辦事主事，係北洋政府第二届文官普通考試及格、分發內務部人員。據此查一九二〇年十二月二十四日北洋《政府公報》，有第二届文官普通考試及格人員七人分發內務部者，其中林姓僅有『林棨』一人。又查一九二一年《內務部職員録》，土木司有『委任職學習』人員林棨，字『潞生』，年齡三十二歲，京兆大興人，九年十二月三十日到部。綜上可知，《潞生日記》作者當爲林棨無疑。

日記稿本係毛筆楷書，用豎排方格稿紙，字迹甚爲工整，起一九二六年十月十日，止一九二七年九月二十七日。儘管日記僅存一年，但因記載極爲詳細，故亦有一千四百多葉。更爲重要的是，這一年恰值北伐戰爭背景下的南北對峙時期，是二十世紀中國政權大更迭的三個關鍵年份之一。林棨當時作爲內務部的一個小官，見證了北洋政府的極端困難局面，以及奉系張作霖領導的中華民國安國軍政府的各種新舉措。日記詳細記録了大變革時代北京官場中下層官員的種種表現，反映了北洋末期小官僚的政治境遇和生活狀態。同時，林棨有許多親戚在京，其社會交往和出處選擇，也反映了地域和籍貫因素在時人生活中的作用。

林棨平日既購讀《北大國學月刊》《北大國學周刊》這樣的『學術雜志』，也尋購通俗的説部讀物，并寫有大量文言公文、詩文、報紙副刊白話文等文字；既涉獵法律事務，也究心水利工程，該日記生動展示了一位從科舉到學校過渡時代知識人豐富的生活面相。（韓策）

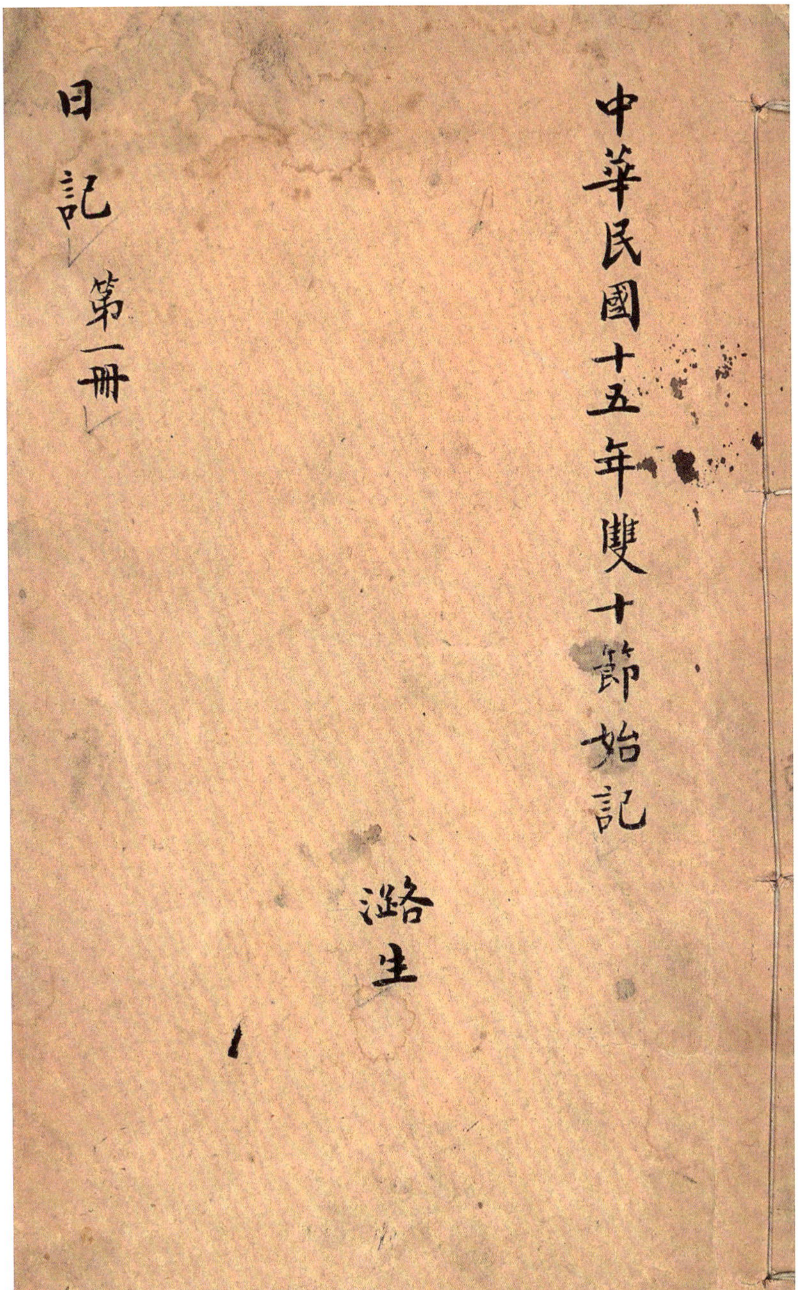

潞生日記　林榮撰　稿本

林榮（一八九〇—？），字潞生，清末順天府大興人。

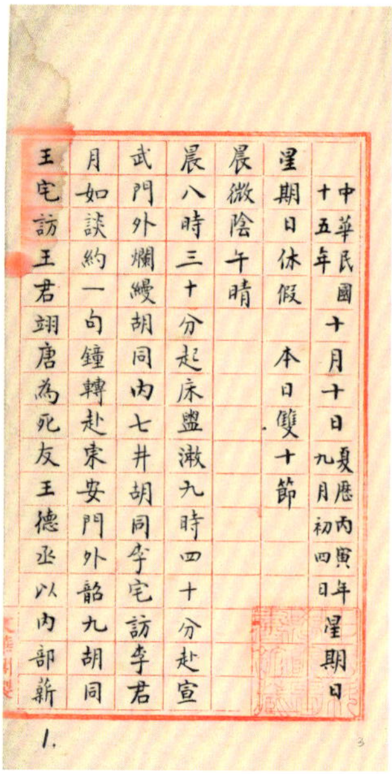

中華民國十五年十月十日夏歷丙寅年九月初四日星期日

星期日休假　本日雙十節

晨微陰午晴

晨八時三十分起床盥漱九時四十分赴宣武門外爛縵胡同内七井胡同李宅訪李君月如談約一句鐘轉赴東安門外駱九胡同王宅訪王君翊唐爲死友王德丞以内部薪

1.

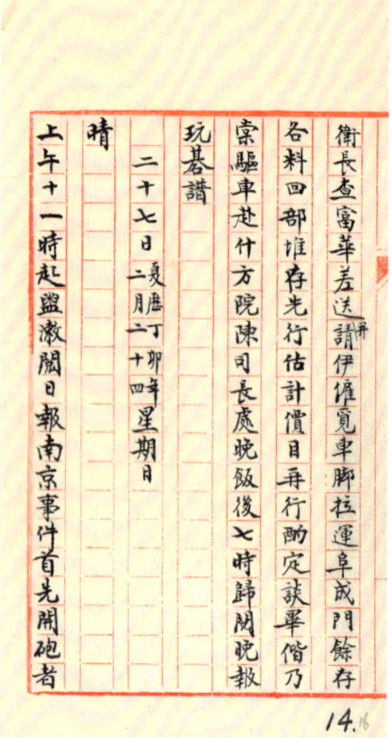

衛長查富華差送并請伊僱覓車脚拉運阜成門餘存各料回部堆存先行估計價目再行酌定談畢偕乃棠騎車赴什方院陳司長處晚飯後七時歸閱晚報玩碁譜

二十七日夏歷丁卯年二月二十四日星期日

晴

上午十一時起盥漱閱日報南京事件首先開砲者

14.

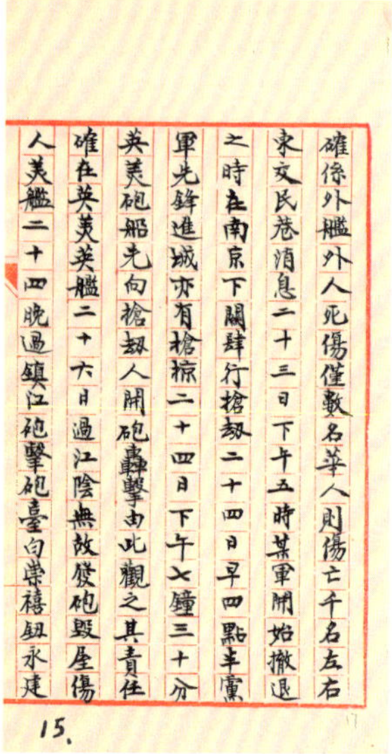

確係外艦外人死傷僅數名華人則傷亡千名左右東文民巷消息二十三日下午五時某軍開始撤退之時在南京下關肆行搶刼二十四日早四點半黨軍先鋒進城亦有搶掠二十四日下午七鐘三十分英美砲船先向搶刼人開砲轟擊由此觀之其責任確在英美英艦二十六日過江陰無故發砲毁屋傷人美艦二十四晚過鎮江砲擊砲臺白崇禧紐永建

15.

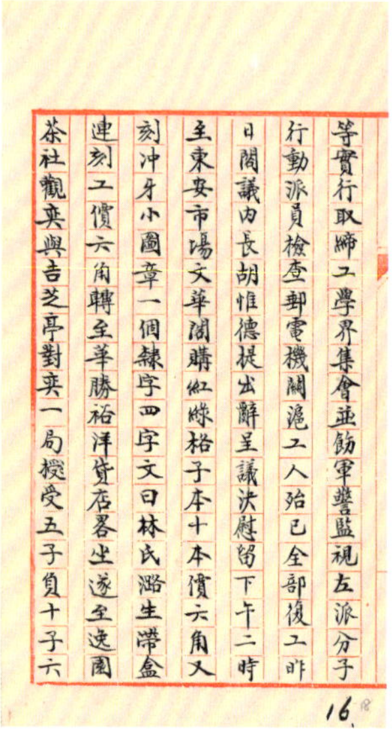

等實行取締工學界集會並飭軍警監視左派分子行動派員檢查郵電機關滬工人殆已全部復工昨日閣議内長胡惟德提出辭呈議決慰留下午二時至東安市場文華閣購紅緞裕子本十本價六角又刻沖牙小圖章一個隸字四字文曰林氏谿生帶盒連刻工價六角轉至華勝裕洋貨店畧坐遂至逸園茶社觀弈與吉芝亭對弈一局授五子負十子六

16.

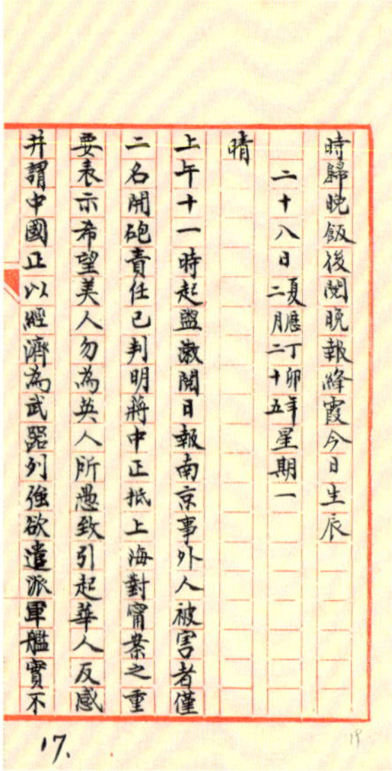

時歸晚飯後閱晚報峰霞今日生辰

二十八日夏歷丁卯年二月二十五日星期一

晴

上午十一時起盥漱閱日報南京事外人被害者僅二名開砲責任已判明蔣中正抵上海對甯案之重要表示希望美人勿爲英人所愚致引起華人反感并謂中國正以經濟爲武器列強欲遣派軍艦實不

17.

後記

《近代史研究所藏稿鈔本日記叢刊》（全八十册）於二〇二〇年三月由國家圖書館出版社推出後，受到學界的關注和重視。爲便於讀者更好瞭解各種日記的基本内容，現將該《叢刊》所收三十一種日記的提要彙集刊行。此次刊印時，提要撰者附於每篇之末，文字略有增删，每種日記又新增書影若干幅，用以反映日記封面、原稿墨迹、鈐印及收藏情况等。不過，各種日記所配照片數量多寡不一，主要以展示信息的豐富程度和鑒賞效果爲選收原則。如《張朝墉日記》每册封面都由師友分别題簽，日記中還鈐有大量印章，顯示出鮮明的藝術氣息，故此次以較大篇幅做了特别展現；吴大澂《北征日記》也因書法優美，選印稍多。希望這本信息豐富的文獻工具書，同樣也能爲讀者帶來藝術鑒賞方面的收獲。

編者

二〇二一年七月